Daniel Hurlak

Zrównoważony rozwój gmin

Daniel Hurlak

Zrównoważony rozwój gmin

Model bezpośredniej kooperacji

Wydawnictwo Bezkresy Wiedzy

Impressum / Imprint
Bibliografische Information der Deutschen Nationalbibliothek: Die Deutsche Nationalbibliothek verzeichnet diese Publikation in der Deutschen Nationalbibliografie; detaillierte bibliografische Daten sind im Internet über http://dnb.d-nb.de abrufbar.

Informacja bibliograficzna Niemieckiej Biblioteki Narodowej: Niemiecka Biblioteka Narodowa rejestruje tę publikację w Niemieckiej Bibliografii Narodowej; szczegółowe informacje bibliograficzne dostępne są w Internecie na stronie http://dnb.d-nb.de.

Coverbild / Okładka: www.ingimage.com

Verlag / Wydawnictwo:
Wydawnictwo Bezkresy Wiedzy
ist ein Imprint der / jest znakiem handlowym
OmniScriptum GmbH & Co. KG
Bahnhofstraße 28, 66111 Saarbrücken, Deutschland / Niemcy
Email: info@omniscriptum.com

Herstellung: siehe letzte Seite /
Druk: patrz ostatnia strona
ISBN: 978-3-639-89062-4

Spis treści

Wstęp

Problemem współczesnego samorządu gminnego, który w największym stopniu kreuje otaczającą nas rzeczywistość jest zrównoważony rozwój mający kontekst społeczno-gospodarczy, jak i środowiskowy. Proces ten jest bardzo złożony i składa się na niego wiele różnorodnych czynników ekonomicznych, społecznych oraz prawnych. Głównym celem mojej pracy jest analiza wpływu powyższych czynników na proces zrównoważonego rozwoju samorządu gminnego.

Jedną z tez przedstawionych w pracy jest wpływ położenia gminy i aktywności inwestorów na jej rozwój. Wydawać by się mogło, że każdy samorząd będąc częścią państwa demokratycznego ma możliwość gwarantowania swoim mieszkańcom zbliżonych warunków bytowania oraz rozwoju, co de facto stanowi jedną z idei tej właśnie jednostki samorządu terytorialnego. Okazuje się jednak, iż standardy panujące w gminach na terenie całej Rzeczpospolitej są bardzo różnorodne. Odpowiedzialnością za niekorzystne warunki gospodarcze i ekonomiczne, nie zawsze można obarczać władze, a przyczyny tego skomplikowanego problemu powinno się szukać w takich czynnikach, jak położenie gminy i wynikająca z tego obecność dóbr naturalnych. W pracy tej udowodnię jak znaczący wpływ na rozwój gmin mają bogactwa naturalne oraz warunki środowiskowe, które często decydują o profilu samorządu terytorialnego.

Jednym z kolejnych przedstawionych przeze mnie założeń, będzie potwierdzenie znaczących różnic pomiędzy funkcjonowaniem gminy wiejskiej a miejskiej, co również przekłada się na odmienny poziom rozwoju na różnych płaszczyznach. Większy budżet oraz atrakcyjniejsze tereny inwestycyjne stawiają w korzystniejszej sytuacji gminy miejskie. Jak się okazuje wpływ na taki stan faktyczny ma również większa konkurencja na rynku pracy, a co za tym idzie bardziej kompetentny personel.

W dalszej części pracy przedstawiony zostanie również wpływ współpracy samorządów na ich rozwój. Poruszony zostanie temat euroregionu oraz współpracy gmin z organizacjami pozarządowymi. Udowodnię przez to pozytywny wpływ na przemiany społeczne i gospodarcze w jednostkach samorządu terytorialnego najniższego szczebla, gdyż jak się okazuje współpraca w każdej dziedzinie życia zdecydowanie popłaca.

Ważną częścią pracy będzie zaprezentowanie strategii wpływających na prawidłowy rozwój gminy. Są one pewnego rodzaju gwarantem efektywniejszych postępów mających się dokonać na terenie jednostek samorządu terytorialnego. Owe strategie zachęcają również do bardziej przemyślanego planu rozwoju oraz wykluczają pozytywny wpływ decyzji spontanicznych i nie przemyślanych. Pomagają również zrozumieć, iż każdy postęp musi oparty być o konkretny lecz zarazem elastyczny plan.

Gmina chcąc się rozwijać musi działać w oparciu o solidne podstawy. W tym przypadku takowym filarem jest jej budżet, na który z kolei składają się środki pochodzące z różnych źródeł. Stanowią je na przykład dotacje docelowe oraz subwencje ogólne pochodzące z budżetu państwa. W pracy zostanie przedstawiony ich cel w aspekcie postępu rozwojowego gminy. Okaże się bowiem, że umożliwiają one realizację pewnej części zadań za które odpowiedzialne są samorządy, przez co ich władze mogą skupić się na działaniach decydujących o rozwoju społeczno-gospodarczym.

1. Prawidłowy rozwój gmin

1.1. Przybliżenie ogólnej struktury gminy

1.1.1 Gmina, jako zbiór jednostek

Od samego początku, istnienia ludzkości człowiek miał skłonność do organizowania się. Mało istotne jest to, czy były to organizacje, w których skład wchodziło kilku prymitywnych osobników homo sapiens, czy też wielu rozwiniętych i wykształconych przedstawicieli dzisiejszej populacji. Zarówno w pierwszym, jak i w drugim przypadku cel był podobny „przetrwać''. Można jednak dostrzec subtelną różnicę pomiędzy powyższymi przykładami. Otóż pierwsi ludzie w swoich plemionach skupiali się na podstawowych potrzebach fizjologicznych i ich zaspokojeniu, dzisiaj natomiast potrzeby te są pewnego rodzaju standardem i w rozwiniętym lub rozwijającym się kraju traktowane są jako coś normalnego, choć w dalszym stopniu niezbędnego do funkcjonowania w społeczeństwie.

Wieloletnie doświadczenie człowieka, sprawiło, że organizacje te stawały się coraz bardziej skomplikowane ale zarówno skuteczniejsze. I tak od małych plemion, zarządzanych przez niepotrafiącego pisać ani czytać człowieka, doszliśmy do rozbudowanej struktury samorządów, która choć w większości krajów różni się od siebie, to jednak posiada podobne elementy i co najważniejsze ten sam cel „przetrwać na jak najwyższym poziomie i przy, jak najbardziej możliwie zrównoważonym rozwoju''. Można zauważyć tutaj różnice, pomiędzy tym, co zakładali pierwsi przedstawiciele naszego gatunku. Dla nich priorytetem było tylko i wyłącznie przetrwanie, dzisiaj natomiast potrzeby człowieka są o wiele bardziej rozwinięte i wymagające. I tak, jak kiedyś osadnicy wynajdowali prymitywne narzędzia, dzięki którym mogli skuteczniej zaopatrywać swoje osady w surowce, tak i dzisiaj człowiek powołuje różnorodne organy, instytucje, samorządy oraz stowarzyszenia w wydawać by się mogło innym, ale jakże podobnym celu, czyli zaspokojeniu potrzeb społeczeństwa.

Powyższych słów nie należy traktować, jako oderwanie od tematu mojej pracy. Wręcz przeciwnie mają one pomóc w lepszym zrozumieniu późniejszych rozważań dotyczących zrównoważonego rozwoju gmin, które jak już wiemy stanowią o wiele bardziej skomplikowaną strukturę, tworzoną przez liczną grupę osób, a co za tym idzie organów.[1]

Szczeblem samorządu terytorialnego w Polsce, który poddam analizie będzie ten uważany przez wielu za najistotniejszy i najbardziej wpływający na człowieka żyjącego w społeczeństwie. Mowa oczywiście o gminie. Wielu laików uważa kierując się swoją intuicją, że województwo, jako największy powierzchniowo obszar pełni najważniejszą rolę w porównaniu do powiatu i gminy. To samo większość sądzi o relacji pomiędzy powiatem i gminą. Nic bardziej mylnego. To gmina jest najbliższa obywatelowi nie tylko przez to, że jej urząd znajduje się zazwyczaj nieopodal miejsca zamieszkania, ale zarówno i przede wszystkim dzięki szeroko pojmowanym kompetencją przydzielonych gminie.To samorząd gminny kreuje otoczenie, z jakim na co dzień mamy styczność. Dzięki tej, nie dużej powierzchniowo jednostce terytorialnej możemy korzystać, ze szkół, komunikacji miejskiej, nowo powstałych miejsc pracy a także ośrodków kultury i rekreacji.

Tu powstaje pytanie, „ Czy każdy samorząd jest wstanie zapewnić swoim mieszkańcom wyżej wymienione placówki, czy też usługi? A jeżeli nie, to dla czego? Na pierwszy rzut oka, można stwierdzić, że w każdej gminie większość z tych potrzeb jest zaspokajana. Jest to jednak złudne wrażenie, gdyż większość zadań gmina musi realizować z godnie z ustawą. Można więc domyśleć się, że mamy tu do czynienia z pewnego rodzaju minimalizmem, tzn. dla państwa ważne jest aby najniższy szczebel samorządu terytorialnego wykonywał podstawowe i standardowe zadania (utrzymywanie instytucji państwowych, które świadczą wiele usług), natomiast na pozostałe czynności, które de facto wpływają na rozwój samorządu, daje „wolną rękę''.

1.1.2 Pojęcie gminy i jej zadania.

Polski ustawodawca zadbał o to, aby gmina ujęta była w odrębnej definicji, jak się okazuje bardzo krótkiej i zwięzłej docierającej do każdego obywatela. Zgodnie z ustawą z dnia 8 marca 1990 r. o samorządzie gminnym, definicja ta stanowi, iż mieszkańcy gminy tworzą z mocy prawa wspólnotę samorządową.[2]

---

[1] H. Izdebski, *Samorząd terytorialny. Podstawy ustroju i działalności,* Warszawa 2006, s. 65.
[2] Ustawa z dnia 8 marca 1990 roku o samorządzie gminnym (Dz.U. 1990 nr 16 poz. 95)

Tych kilka słów wystarczyło aby wskazać na spore wyodrębnienie gminy, jako jednego, w dużym stopniu niezależnego obszaru, tworzonego przez mieszańców. Ma to duże znaczenie w kontekście rozwoju tegoż, że samorządu, gdyż można automatycznie założyć, iż największy wpływ na progres gospodarczy oraz infrastrukturalny mają sami mieszkańcy i to najczęściej w sposób bezpośredni, bo samo mieszkanie i płacenie podatków wpływa w pewnym stopniu na kształtowanie się strategii rozwoju gminy. Ponadto prawie każdy mieszkaniec posiadający prawa wyborcze, może objąć funkcję danego organu i posiadać jeszcze większy wpływ na działania gminy.

Aby lepiej zrozumieć na czym polega zrównoważony rozwój gmin, lub też jego brak musimy zastanowić się nad tzw. zadaniami własnymi tej jednostki terytorialnej. Ustawa wyodrębnia dwadzieścia jeden grup takowych zadań. Można je natomiast zamknąć w cztery kategorie związane z:

a) infrastrukturą techniczną (np. drogi, wodociągi, unieszkodliwianie odpadów, lokalny transport zbiorowy),
b) infrastrukturą społeczną (np. edukacja publiczna, ochrona zdrowia, pomoc społeczna, upowszechnianie kultury),
c) porządkiem i bezpieczeństwem publicznym (np. ochrona zdrowia, pomoc społeczna, upowszechnianie kultury),
d) ładem przestrzennym i ekologicznym (miejscowe planowanie przestrzenne, zieleń gminna, zadrzewienia)[3]

Warto wspomnieć, iż powyższe kategorie zadań muszę być zaspokajane w sposób wzajemnie zrównoważony, aby gmina mogła prosperować coraz efektywniej. Zaniedbanie choć by jednej z tych grup, spowoduje negatywne konsekwencje w stosunku do pozostałych.

Nie sposób pominąć również kwestii tego, kto jest odpowiedzialny za rozwój gminy, czyli kto tak naprawdę sprawuje władzę i ma decydujący głos podczas wyboru metod czy też drogi prowadzącej do sukcesu gospodarczego samorządu gminnego. Informacje dotyczące władz gminy zostały zawarte przez ustawodawcę w ustawie o samorządzie gminnym i tak za podstawową władzę owej jednostki samorządu terytorialnego uznał mieszkańców gminy, którzy podejmują decyzję w głosowaniu powszechnym. W drugiej dopiero kolejności rozstrzygnięcia te podejmowane są po przez powołane w wyniku wyborów organy.

---

[3] Z. Niewiadomski [w:] M. Kallas, I. Lipowicz, Z. Niewiadomski, G. Szpor, *Prawo administracyjne. Część ustrojowa*, Warszawa 2002, s. 144.

Podsumowując powyższą myśl można zauważyć, że mieszkańcy czy to poprzez wybory, czy też zdobycie mandatu mogą wpływać na rozwój swojej małej ojczyzny, jaką zapewne jest gmina, a organy nią kierujące mogą wykorzystywać wszystkie instrumenty i podmioty prawa publicznego oraz prywatnego, które działają zgodnie z obowiązującymi przepisami. Mówiąc krótko, losy gminy pozostają w głównej mierze w rękach mieszkańców.[4]

1.2. Strategie wpływające na prawidłowy rozwój gminy.

Po przybliżeniu sobie informacji dotyczących zadań gminy i podmiotów odpowiedzialnych ze ich realizację, można zastanowić się nad strategią, która pomaga zbliżyć się, do jakże pożądanego zrównoważonego rozwoju gminy.

Zasada zrównoważonego rozwoju nie jest niczym obcym dla polskiego prawa i stanowi jedną z trzech zasad lokalnej gospodarki samorządowej. Ponadto jest ona zapisana w wielu krajowych aktach prawnych, na których czele znajduje się Konstytucja RP. W tym najważniejszym źródle prawa ustawodawca uznał zrównoważony rozwój, jako jedną z zasad ustrojowych państwa polskiego.[5] Ponadto Ustawa o zasadach prowadzenia polityki trwałego i zróżnicowanego rozwoju w art. 2 określa cel polityki rozwoju dotyczący „trwałego i zrównoważonego rozwoju'' W art. 3 wspomnianej wyodrębnione sią dwa samorządy, będące podmiotami odpowiedzialnymi za realizację polityki rozwoju w obrębie lokalnym.

Można zatem rozumieć, iż lokalna wspólnota samorządowa z natury zajmuje się zrównoważonym rozwojem, a co za tym idzie pojęcie zrównoważonego rozwoju określa istotę lokalnych wspólnot samorządowych, w tym oczywiście gminy.[6] Tajemnicą nie jest fakt, iż gmina jest organizacją, tak więc jak każda inna musi obrać jakąś strategię rozwoju, gdyż spontaniczne działanie może okazać się zgubne, czego można doświadczyć choć by na przykładzie prowadzenia własnego gospodarstwa domowego.

Tu natomiast mamy do czynienia z o wiele bardziej skomplikowanym działaniem, które wymaga dogłębnej analizy. Takową przeprowadził L.J. Mercera, który stwierdził, iż planowanie strategiczne w obrębie samorządu terytorialnego jest połączeniem, co najmniej czterech działań:

---

[4] J. Czerw, I. Krześnicki , *Działalność uchwałodawcza rady gminy,* Warszawa 2005, str. 23.

[5] W. Radecki, *Instrumenty prawne ochrony przed odpadami według nowej ustawy*, w: „Problemy Ekologii" 1997, nr 6; cyt. Za: B. Piontek, *Koncepcja rozwoju zrównoważonego i trwałego Polski, PWN, Warszawa 2002, s. 36.*

[6] M. Klimek, *Zrównoważony rozwój lokalny,* Białystok 2010, str. 61

a) analizy i oceny środowiska (wewnętrznego i zewnętrznego) gminy oraz jej jednostek organizacyjnych

b) identyfikacji głównych szans i zagrożeń środowiska funkcjonowania gminy i jej organów

c) oszacowania słabych i mocnych stron gminy i jej organów

d) określenia strategii umożliwiającej władzom lokalnym na efektywne wykorzystanie wszystkich zasobów gminy oraz funkcjonowanie w środowisku[7]

Powyższe elementy są bardzo ogólne, mimo to oddają w pełni istotę planowania strategicznego w samorządzie terytorialnym. Trzeba jednak zadać sobie pytanie jaką strategię wybrać, czy też stworzyć, aby zaspokoić w jak największym stopniu potrzeby mieszkańców, zarazem mając świadomość, iż strategia ta jest podstawą prowadzenia polityki lokalnej władzy. Polityka ta powinna być prowadzona w taki sposób aby, jak najefektowniej współdziałała z pozostałymi podmiotami gospodarki lokalnej, wykorzystując przy tym w jak największym stopniu lokalny potencjał i realizując wszystkie założenia przewidziane w celach rozwoju.

Samo opracowanie strategii jest bardzo skomplikowane i wymaga udziału wielu osób, a to oznacza, że również środków pieniężnych. Dlatego też powstaje pytanie dotyczące powodów i przesłanek przygotowywania lokalnych strategii rozwoju. W odpowiedzi, pomóc może nam lista funkcji strategii, która przedstawiona została przez J. Binieckiego i B. Szczupaka. Funkcje te są bezpośrednio związane z korzyściami, będącymi następstwem wprowadzenia do życia procedur planowania strategicznego. Do krótkiej listy podstawowych funkcji strategii zaliczana jest:

a) aktywizacja,

b) koncentracja,

c) orientacja,

d) redukcje niepewności decyzyjnej,

e) spójność

f) elastyczność[8]

---

[7] *Ibidem*, s. 63-64.

[8] J. Bieniecki, B. Szczupak, *Strategie rozwoju lokalnego,* [w:] *Zarządzanie strategiczne rozwojem lokalnym i regionalnym,* A. Klasik, F. Kuźik (red.), Katowice 2001, s. 65-66

Istotą funkcji aktywizacyjnej jest wzbudzenie zespołowego myślenia dotyczącego przyszłości gminy. Koncentracja zaś nie pozwala na nieprawidłowe wykorzystywanie ograniczonych środków i pomaga w podejmowaniu działań najistotniejszych dla rozwoju gminy, a co za tym idzie alokować, jak najefektywniej jej zasoby. Funkcja orientacyjna umożliwia dobranie odpowiednio ukierunkowanych i skoordynowanych działań lokalnych, w taki sposób aby zapewnić pełna realizację celów rozwojowych.

Niepewność decyzyjna może w dużym stopniu hamować progres, dla tego też przygotowanie strategii rozwoju pozwoli na bardziej świadome a co za tym idzie odważniejsze i korzystniejsze decyzje, napędzające skomplikowaną machinę lokalnej eskalacji. Stanie się to dzięki możliwości szybszej analizy lokalnych przedsięwzięć dotyczących ich zgodności ze strategicznymi kierunkami rozwoju. Redukcja niepewności decyzyjnej pomaga również w uniknięciu konfliktów pomiędzy podmiotami lokalnymi oraz w harmonizowaniu ich działań, gwarantując przy tym spójność przedsięwzięć pojętych na rzecz rozwoju gminy. Funkcja elastyczności dotyczy natomiast przewidywalnego analizowania przyszłych wyznaczników prosperowania gminy oraz dopasowania do nich przyjętych działań i możliwej modyfikacji ich charakteru w przypadku zrealizowania się jakichkolwiek ze spodziewanych scenariuszy w przyszłości.[9]

Zaprezentowane powyżej funkcje strategii wskazują na pozytywne wartości ukryte w procesie planowania, a nie tylko na te wynikające z jej realizacji. Zakres, jakim dysponuje literatura a dotyczącym posiadania i realizowania strategii jest o wiele szerszy i obejmuje on przeważnie założenia będące poparciem za wprowadzeniem w życie procesu planowania strategicznego w gminach.

W tym miejscu można przywołać reprezentowany przez wielu autorów oraz samorządowców pogląd mówiący o tym, że bycie w posiadaniu strategii rozwoju gminy jest wręcz obligatoryjnym wymogiem, którego realizacja otwiera drogę do środków Unii Europejskiej. Choć w wielu sytuacjach owe przekonanie było katalizatorem do zaangażowania się w stworzenie strategii rozwoju, to jednak na mocy oceny formalnych wymogów, którym sprostać muszą beneficjenci, jest ono niełatwe do uzasadnienia. Mimo, to jednak nie wątpliwie mamy tu do czynienia z pozytywnym zjawiskiem, które może tylko pomóc a nie zaszkodzić w efektownym zarządzaniu samorządem gminnym.

---

[9] T. Dziurbejko, *Planowanie rozwoju gminy, jako instrument pozyskiwania funduszy pomocowych w Unii Europejskiej,* Warszawa 2006, s. 80-81.

Podsumowując można stwierdzić, iż strategia rozwoju jest istotnym czynnikiem wspomagającym efektywniejszy postęp lokalny, który jest wyjątkowym rodzajem rozwoju społeczno-gospodarczego, gdzie głównymi zarządcami są mieszkańcy a także samorząd lokalny, instytucje komunalne, przedsiębiorcy oraz administracja lokalna. Procedura ta wspomagana jest również po przez władze krajowe i regionalne. Strategia rozwoju zaś ma umożliwić wszystkim tym podmiotom osiągnięcie sukcesu w skali lokalnej.

1.3. Położenie oraz wpływ inwestorów na rozwój gminy.

Jednym z wręcz naturalnych i oczywistych czynników mających wpływ na prosperowanie samorządu gminnego jest jego położenie. Fakt ten wydaje się być w znacznym stopniu oczywisty. Można to porównać z pewną sytuacją z jaką duża część obywateli spotyka się każdego dnia. Mianowicie prawie dzień w dzień można usłyszeć o pewnym negatywnym zjawisku, jakim jest bezrobocie. W telewizji podawane są dane obrazujące, w którym to regionie (województwie, powiecie czy też gminie), panuje największy odsetek ludzi nie mogących znaleźć pracy. Po dosłownie chwilowej analizie każdy może spostrzec, że różnice występujące pomiędzy takimi obszarami są często bardzo wysokie. Można zapytać, dlaczego tak się dzieje? Przecież ludzie z dolnego śląska żyją w tym samym kraju co mieszkańcy województwa podlaskiego, a mimo to na tym drugim obszarze o pracę zdecydowanie trudniej. I choć byśmy szukali głęboko przyczyn tego zjawiska to prędzej czy później zrozumiemy jak niebagatelny wpływ na nie ma właśnie położenie tych regionów, a jak wiemy gdzie jest praca tam są pieniądze (bynajmniej w demokratycznym i uczciwie zarządzanym państwie. To czy takim krajem jest Polska zostawiam do subiektywnej oceny).

Podobnie jest z gminami, których rozwój zależy od tego w jakim regionie leżą. Położenie to, umożliwia lub też nie, korzystanie z choćby surowców, którymi obdarzyła nasze państwo matka natura. Wiadomo również, że owe dobra naturalne nie znajdują się w każdym regionie i na terenie każdego samorządu, a to już stwarza kolosalne różnice w możliwościach rozwojowych gmin czy też innych jednostek samorządu terytorialnego. Surowce oraz inne naturalne uwarunkowania terenu, przyciągające inwestorów, są kluczem do gospodarczego sukcesu, który jednak trzeba odpowiednio uformować i sprzedać go z jak największym zyskiem.

Oczywista jest więc teza zakładająca, że rozsądne inwestycje gwarantują nie tylko sprawne funkcjonowanie, ale również rozwój gminy. Potrzeba inwestowania jest głównie zagadnieniem z dziedziny psychologii i socjologii. Może ona być następstwem wynikającym z charakteru ludzi odpowiedzialnych za program inwestycyjny gminy, lub też pomocy politycznej. Duża przychylność ku inwestowaniu może okazywana być poprzez realizację obszernych zadań inwestycyjnych. W sytuacji braku przyjętych wcześniej głównych celów inwestycyjnych mogą być dokonywane inwestycje niepotrzebne, a co za tym idzie prowadzić będą tylko do niepotrzebnego i nieopłacalnego wydawania publicznych pieniędzy.[10]

Założono, że inwestycje dotyczące głównie modernizacji i rozbudowy infrastruktury lokalnej winny być najważniejszym bodźcem wpływającym na wzrost wartości majątku gminy. Czyli mówiąc inaczej – im więcej inwestycji tym gmina jest bogatsza. Musimy, jednak pamiętać, że jest to dość delikatny temat, gdyż czasami samorządy potrafią niebezpiecznie się zadłużyć biorąc kilka kredytów.

Podstawowym miernikiem rozwoju społeczno-gospodarczego gminy jest natomiast wielkość wydatków inwestycyjnych oraz efektów rzeczowych uzyskanych z inwestycji. Jest to dość przewidywalna teza. Możemy porównać gminę spełniające powyższe kryteria do prężnie rozwijającej się firmy. Naturalne jest to, że jeżeli dany biznesmen chce rozwijać swój interes musi inwestować pieniądze w sprzęt czy też kapitał ludzki. Pieniędzmi tymi nie dysponuje zazwyczaj od zaraz, musi je natomiast skądś pozyskać, często w postaci kredytu lub też dotacji. Czyż nie analogicznie jest z każdą jedną jednostką samorządu terytorialnego.[11]

Inwestycje to zawsze ryzyko, lecz jest to jedyna droga do sukcesu gospodarczego każdej organizacji. Można więc dojść do wniosku, iż kredyt plus inwestycje równa się ryzyko, a to może przekształcić się jeszcze w sukces gospodarczy. Do takiego sukcesu musi dążyć właśnie gmina przy współpracy z innymi podmiotami gospodarczymi, które już wcześniej zaryzykowały i chcą robić to dalej dostarczając zarazem olbrzymie środki do gminnego budżetu. Jedyne, co pozostaje gminie to zachęcić a następnie zaprosić dużych inwestorów na swoje podwórko, i tak jak wcześniej pisałem, najlepiej aby były to podmioty, których macierzystym państwem jest Polska. W innym zaś wypadku możemy dojść do sytuacji, w której samorząd nie będzie czerpał znaczących korzyści z tego, że na jego terenie osiedlił się kolejny inwestor.

Jak więc sprowadzić inwestorów do gminy, która zdecydowanie stawia na rozwój? W odpowiedzi na to pytanie nie pomoże uświadomienie sobie tego, iż najcenniejszą własnością

[10] M. Ziółkowski, *Proces formułowania strategii rozwoju gminy"*, IPIS, Warszawa 2000, s. 19-22.
[11] K. Kuciński (red.), *Przedsiębiorczość a rozwój regionalny w Polsce"*, Difin, Warszawa 2010, s. 40-44.

każdego samorządu są jego tereny, jednak i te jak choćby najlepiej przygotowane mogą być niewystarczająca kartą przetargową. Duże znaczenie ma efektownie prowadzony marketing oraz współdziałanie z podmiotami współpracującymi z zagranicznymi firmami.

Gmina, jak i inne samorządy nie jest w posiadaniu twardych instrumentów za pomocą, których mogła by sprowadzić inwestorów na swój obszar. Ogół tych najistotniejszych w tym dotyczących np. obciążeń podatkowych określają odgórne przepisy krajowe. To jednak nie znaczy, że gminy nie mają nic do powiedzenia w sprawie, tego, gdzie zostaną ulokowanie potencjalne zakłady produkcyjne a co za tym idzie, nowe miejsca pracy.

Można zatem wyróżnić kilka elementów procesu inwestycyjnego, na które gmina ma niebagatelny wpływ. Są to m.in.

a) prawidłowo przygotowana oferta i teren
b) profesjonalizm i zaangażowanie
c) wizerunek medialny
d) partnerzy i referencje dotychczasowych inwestorów

Te powyższe czynniki i nie tylko, gmina posiada w swojej rękojmi władzy i może w ich obrębie działać. Najbardziej skomplikowanym wydaje się jednak prawidłowo przygotowana oferta i teren, gdyż błędy popełnione już na tym etapie mogą powodować skutki ciągnące się przez długi czas, do momentu ich zlikwidowania. Sporządzenie zaś konkretnej i zachęcającej oferty wymaga kompetentnego kapitału ludzkiego oraz szeroko pojętego doświadczenia. Aby zwiększyć również prawdopodobieństwo przyciągnięcia dużego inwestora ważne jest sporządzenie oferty w kilku językach. To poszerzy zakres państw z których pochodzić może przyszły właściciel dużej firmy.

Poszukiwanie i zachęcenie do siebie inwestora trzeba rozpocząć od zastanowienia się nad tym, co dana gmina jest w stanie mu zaoferować. Może to być pomoc w szkoleniu pracowników, świetne przygotowane tereny a także infrastruktura techniczna, z której przedsiębiorca mógłby czerpać profity do póty takowej sobie nie zapewni. Istotne jest również zadbanie o kampanię reklamową, gdyż sprawi to, że gmina zostanie zauważona przez potencjalnych inwestorów.[12]

---

[12] G.L. Gordon, *Strategiczny plan dla gminy- jak osiągnąć sukces,* Agencja rozwoju komunalnego, Warszawa 1998, s. 34-36.

Kolejną rzeczą, którą gmina może zachęcić do siebie przedsiębiorców są wcześniej wspomniane tereny. Istotne jest jednak, to żeby władze samorządowe zdawały sobie sprawę z tego jakie grunty uważane są za atrakcyjne. W pierwszej kolejności winny być to tereny o wyraźnie określonym statusie prawnym i własnościowym. Jeśli zaś nie wszystkie grunty przeznaczone pod inwestycje są własnością gminy, to jej władze powinny być w posiadaniu oświadczeń o ewentualnej gotowości do ich sprzedaży. Po drugie obszary te powinny wchodzić w zakres zagospodarowania przestrzennego, gdzie określono ich przeznaczenie. Kolejnym zagadnieniem, któremu warto poświęcić czas jest badanie geotechniczne, która pozwala dowiedzieć się z jakich warstw geologicznych zbudowany jest ów teren oraz na, jakim jego poziomie znajdują się wody gruntowe. I ostatnią ważną kwestią, o której wspomnę jest uzbrojenie gruntu inwestycyjnego. Pod pojęciem uzbrojenia należy rozumieć wszelakie media oraz siec kanalizacyjno-wodociągową. Bardzo ważne jest również położenie blisko powstałych już bądź zaplanowanych szlaków komunikacyjnych. To zaś sprawie, że na potencjalnym inwestorze nie będzie ciążyło ryzyko związane z jakimikolwiek większymi problemami mogącymi wpłynąć negatywnie na działanie związane z realizacją dużegoprzedsięwzięcia[13].

Skoro już wiadomo, jak zachęcić inwestora to teraz zastanówmy się gdzie można go znaleźć. Pomóc nam mogą w tym następujące instytucje, których zadaniem jest promocja regionów, stwarzanie dobrej atmosfery dla inwestycji oraz ich obsługi. Wymienić tu możemy następujące podmioty:

a) Polska Agencja Rozwoju Przedsiębiorczości
b) Polska Agencja Informacji i Inwestycji Zagranicznych
c) Wydziały promocji, handlu i inwestycji działające w polskich ambasadach

Powyższe instytucje, po przez zebrane informacje o danej gminie mogą w znacznym stopniu ułatwić inwestorowi znalezienie odpowiedniego dla jego firmy obszaru. Wydaje się to być koncepcja dość jednostronna, gdyż najwięcej korzyści ma potencjalny producent, jednakże pewne jest to, iż gmina dzięki takim podmiot ma większe szanse na sukces, niż w sytuacji gdyby działała w osamotnieniu. Jedną z takich korzyści jest choćby pomoc w przygotowaniu i wypromowaniu oferty inwestycyjnej. Polska agencja informacji i inwestycji

[13] Michał Cyrankiewicz, *Pomysł na sprowadzenie przedsiębiorstw do gminy*, http://www.rp.pl/artykul/370362,370368_Pomysl_na_sprowadzenie_przedsiebiorstw_do_gminy.html, 30.09.2009 r.

zagranicznych w tym kontekście organizuje konkurs „Grunt na medal''. Laureaci zaś otrzymują niebagatelną szansę promocji regionu oraz sprowadzenie zagranicznego przedsiębiorcy.

Te wszystkie aspekty poszerzają pole do manewru lokalnym władzom, przez co nie pozostają one zupełnie same. Kwestią jest to, czy z tego skorzystają i w jakim stopniu. Podsumowując więc wpływ płożenia gminy oraz inwestorów już znajdujących się na jej terenie dochodzimy do wniosku, że jest on bardzo znaczący a wręcz strategiczny dla zrównoważonego rozwoju. Od lokalizacji zależy z jakich dóbr naturalnych mogą korzystać władze aby zachęcić do siebie pożądanych inwestorów natomiast ci osiedlając się już i budując nowe fabryki, a w tym liczne miejsca pracy dostarczać będę znaczące środki finansowe, które w dużym stopniu zasilają budżet gminy.

1.4. Poziom wykształcenia oraz inne czynniki socjoekonomiczne mające istotne znaczenie w procesie prawidłowego zarządzania gminą

Zrównoważony rozwój gmin jest na tyle skomplikowanym procesem, na który wpływ mają nie tylko takie czynniki, jak położenie i aktywność inwestorów ale także wiedza i umiejętności osób obejmujących jakikolwiek urząd, a więc sprawujących władzę. To jak rozwija się dana jednostka organizacyjna najczęściej zależy od jednej lub też kilku osób, które to narzucają swoją strategię i plan. Dlatego też bardzo istotne jest aby takowe podmioty wykazywały się nie tylko wykształceniem potwierdzonym na papierze, ale również wiedzą nabytą podczas dotychczasowej praktyki i pracy w różnych środowiskach.

Mówiąc więc o prawidłowym kierowaniu gminą na myśl przychodzi pojęcie zarządzania zasobami ludzkimi, którego jedna z wersji brzmi następująco.

„Zarządzanie zasobami ludzkimi jest niczym innym jak strategią i praktyką nabywania wykorzystywania, doskonalenia pracowników, a także zatrzymywania ich umiejętności w przedsiębiorstwie.''[14]

W tym kontekście można słowo przedsiębiorstwo zamienić na urząd jednostki samorządu terytorialnego. Definicja ta mówi również o strategii, która choć zapewne jest inna od tej dotyczącej zrównoważonego rozwoju to jednak występuje w obu tych obszarach. Widać więc, że wszystkie działania związane z dążeniem do jakiegokolwiek progresu w każdej organizacji powinny oparte być o przemyślaną strategie czy też plan.

[14] M. Adamiec, B. Kożusznik, *Zarządzanie zasobami ludzkim*, AKA-DE, Kraków 2000, s.18

Wracając jednak do wpływu wykształcenia na rozwój gmin warto podkreślić, że ustawodawca nie wymaga od władz jakiegokolwiek samorządu terytorialnego, posiadania choćby wyższego wykształcenia. [15] Co automatycznie wskazuje na brak jakiejkolwiek dyskryminacji oraz gwarancję równości, która widnieje w zapisie konstytucji RP. Moim zdaniem jest to istotny błąd. Oczywiście jest prawdą, że niektórzy ludzie, bez ukończenia żadnych studiów potrafią odnaleźć się w wirze zarządzania i kierowania, jednak często są to pewnego rodzaju wyjątki. Ponadto, aby społeczeństwo lepiej się rozwijało powinno poszerzać swoją świadomość i wiedzę, a kto lepiej może dać temu przykład, jak nie władza mająca powszechny szacunek. Uważam jednak, że wśród pracowników ważniejsze są posiadane umiejętności niż samo wykształcenie, a jak wiemy nie zawsze jedno z drugim idzie w parze. Oba te aspekty powinny tworzyć zgrany kolektyw.

Naturalne jest również to, że urząd gminy w którym pracuje bardziej wykształcony i uświadomiony personel, ma o wiele szersze możliwości, a co za tym idzie większą szanse na sukces, zaś organ sprawujący władzę może liczyć na efektywniejsze wykorzystanie swojej strategii oraz koncepcji.

Oprócz wiedzy i umiejętności, kolosalne znaczenie w rozwoju gmin mają jeszcze inne czynniki, w tym ekonomiczne. Do tych wspomnianych już przeze mnie można wliczyć:

- wzrost kapitału
- specjalizacja produkcji
- wzrost popytu i zmiany w jego strukturze
- wzrost dochodów ludności i zysków przedsiębiorstw
- wzrost zatrudnienia
- wzrost nakładów inwestycyjnych
- wzrost wydajności pracy[16]

Wszystkie przedstawione wyżej czynniki są oczywiście ściśle ze sobą powiązane i tylko, jako monolit mogą przynieść oczekiwane skutki. Najbardziej jednak powiązany ze sobą wydaje się być wzrost dochodów ludności i zysków przedsiębiorstw oraz zwiększenie nakładów inwestycyjnych. Jest to o tyle oczywiste, gdyż każda inwestycja wymaga swojego wykonawcy. Im zaś większe nakłady inwestycyjne tym większa aktywność firm, a to niesie

[15] Ustawa z dnia 20 czerwca 2002 r. o bezpośrednim wyborze wójta, burmistrza i prezydenta miasta (Dz.U. 2002 nr 113 poz. 984)

[16] T. Markowski, D. Stawasz (red.), *Ekonomiczne i środowiskowe aspekty zarządzania rozwojem miast i regionów,* Wydawnictwo Uniwersytetu Łódzkiego, Łódź 2001, s.153.

za sobą duże zyski o raz gwarancje wielu miejsc pracy. To wszystko sprawia, że społeczeństwo lokalne staje się coraz zamożniejsze i czuje się pewniej. Gmina dzięki tak układającej się sytuacji może śmielej szukać nowych firm, ale również sama dokonywać inwestycji w obszarze infrastruktury.

Podobnie jest z kolejną grupą, którą stanowią czynniki społeczne. A są to:

a) wzrost i zmiany w strukturze konsumpcji
b) przemiany w świadomości regionalnej
c) tempo i charakter procesów urbanizacji
d) wzrost wykształcenia
e) wzrost aktywności i upowszechnianie postaw przedsiębiorczości
f) podnoszenie sprawności funkcjonowania samorządów terytorialnych [17]

W tym miejscu ponownie uwagę zwraca słowo „przedsiębiorczość''. Jest to dowód na to, że działalność ta jest ściśle związana z rozwojem gmin oraz innych jednostek terytorialnych. W związku z tym wzrost aktywności i upowszechnianie postaw przedsiębiorczości wydaje się być najistotniejszym czynnikiem wpływającym na rozwój gminy. Nieprzypadkowo Unia Europejska wszelkimi możliwymi sposobami zachęca obywateli krajów należących do wspólnoty, aby ci korzystali z różnego rodzaju funduszy europejskich. Ma to uświadomić, jak największej liczbie osób fakt, iż tylko poprzez powstawanie nowych przedsiębiorstw i inwestowaniu w już powstałem, można zmienić sytuację gospodarczą poszczególnych regionów.

[17] T. Markowski, D. Stawasz (red.), *Ekonomiczne...*, op. Cit., s. 153.

2. Kondycja finansowa w jakiej znajdują się samorządy gminne a ich rozwój.

2.1. Charakterystyka ogólnej kondycji finansowej gmin.

Po zapoznaniu się z charakterystyką metod wpływających na rozwój gmin warto przeanalizować sytuację finansową, jaka panuje w polskim samorządzie gminnym. To pozwoli wyciągnąć odpowiednie wnioski dotyczące prawidłowego rozwoju, który powinien mieć miejsce w gminach.

Położenie w jakim znajdują się Jednostki Samorządu Terytorialnego ukazuje przede wszystkim wielkość długu, struktura dochodów i wydatków, wyniki budżetów a także poziom realizacji ustawowych założeń dotyczących prowadzenia gospodarki finansowej.

Zgodnie z danymi pochodzącymi z regionalnych izb obrachunkowych w 2011 roku 32 JST miały poziom zadłużenia przekraczający dozwolony przez ustawę, tj. 60 % zadłużenia w stosunku do dochodów (31 gmin i 1 powiat). Większość wspomnianych samorządów znajduje się w województwach dolnośląskim, zachodniopomorskim (po 18.8 %), podlaskim (15,6) i mazowieckim (12,5). Bardziej szczegółowy rozkład zamieszony jest na poniższej mapce.[18]

[18] Ministerstwo Administracji i Cyfryzacji, *Ocena sytuacji samorządów lokalnych,* https://mac.gov.pl/wp-content/uploads/2011/12/Ocena-sytuacji-samorządów-lokalnych.pdf, s.3.

Mapa 1. JST przekraczające limit 60% zadłużenia w stosunku do dochodów[19]

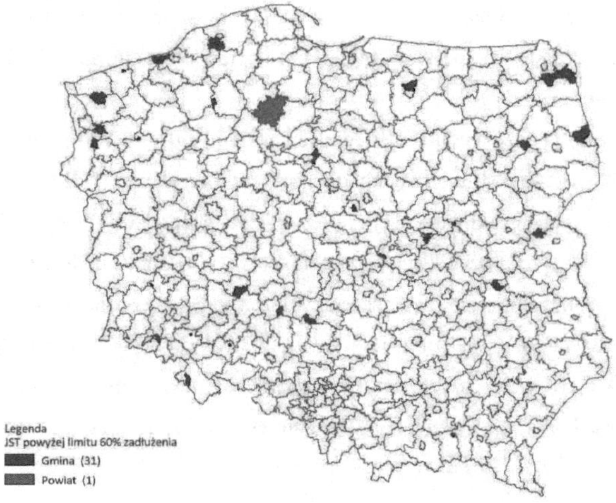

Warto wspomnieć iż porównując rok 2011 i 2010 widać znaczący wzrost liczby JST, które nie spełniają limitu 60 %. W roku 2010 takie samorządy stanowiło 17 gmin. Biorąc pod uwagę tak krótki okres czasu przyrost ten jest dość niepokojący i pokazuje, iż gminy chcąc stawiać na rozwój niebezpiecznie się zadłużają.

Podwyższenie poziomu zadłużenia JST jest następstwem deficytu w ich budżetach. Kolejne kredyty, pożyczki czy też emisje obligacji muszą zaspokoić niedostatek środków finansowych, który nie może być pokryty za pomocą innej formy np. środkami uzyskanymi z prywatyzacji majątku, nadwyżek budżetowych z lat poprzednich oraz wolnych środków. Największy stopień deficytu samorządów zanotowano 2010 roku. Stanowiło to blisko 15 mld złotych. Można więc stwierdzić, iż samorządy nie znajdowały się jeszcze w tak niekorzystnej kondycji finansowej. Łączna nadwyżka w budżetach JST po raz ostatni wystąpiła w 2007 roku.

19 *Ibidem, s.4.*

Nowo powstałe wskaźniki są w stanie pokazywać również problemy systemowe. Aktualne jeszcze do 2013 roku limity w obszarze prowadzenia gospodarki finansowej JST (ograniczenia dozwolonego zadłużenia jednostki samorządowej wynoszącej maksymalnie 60 % jej dochodów oraz zaplanowany pułap spłat i obsług zaciągniętych zobowiązań na pułapie 15 %) zostały uznane za niewłaściwe w odniesieniu do realnej kondycji finansowej wybranych samorządów. Był to główny powód do przekształcenia tych rozwiązań. Zmiany te dotyczyły głównie tego, aby przepisy obowiązujące JST w większym stopniu brały pod uwagę realną zdolność kredytową poszczególnych samorządów. W ten sposób sporządzony jest wskaźnik, zdefiniowany w art. 243 ustawy o finansach publicznych. Wartość tego wskaźnika zależna jest bezpośrednio od nadmiaru operacyjnego, uzyskanego w trzech latach, które poprzedzały konkretny rok budżetowy.[20]

Na kondycję finansową gmin strategiczny wpływ mają środki pochodzące z dochodów własnych. Literatura przedmiotu podkreśla wartość dochodów własnych dla zagwarantowania pewnego rodzaju autonomii, jak i zarówno prawidłowego zarządzania przez władze gmin. Fundusze, których źródłem są transfery budżetowe, tj. subwencje i dotacje, powinny być wyłącznie dodatkiem do uzyskanych przez samorząd dochodów.

W odniesieniu do gmin można mówić o pewnego rodzaju władztwie podatkowym. Obejmuje ono podatek rolny oraz leśny, a także od nieruchomości i środków transportowych. [21] Strategiczny udział w dochodach własnych gminy stanowią środki pochodzące z podatku dochodowego od osób fizycznych (PIT) oraz podatku dochodowego od osób prawnych (CIT). W roku 2011 ich wartość wynosiła 43,4% dochodów własnych , co stanowi kwotę 36,3 mld zł.

Na kondycję finansową gmin niebagatelny wpływ ma również sytuacja demograficzna panująca w poszczególnych samorządach. Sytuacja ta zobrazowana jest w poniższej tabeli. W latach 2004-2010 znacząco się zmieniała. Zauważyć można zależność, że im gmina ma mniejszą powierzchnię tym mniejsza jest liczba osób w wieku produkcyjnym (20 – 64 lat), różnice te nie są jednak duże. Widoczne jest również zmniejszenie liczby młodszych obywateli zamieszkujących gminy (0 – 19 lat). To spostrzeżenie jest dowodem zaświadczającym o istnieniu negatywnych trendach demograficznych.

[20] Ustawa z dnia 27 sierpnia 2009 r. o finansach publicznych, (Dz. U. 2009 Nr 157, poz. 1240)

[21] J. Głuchowski, *Polskie prawo podatkowe,* Wydawnictwo naukowe PWN, Warszawa 1994, s. 5.

Zaprezentowana w poniższej tabeli tendencja demograficzna spowoduje, iż zmniejszy się odsetek ludzi, których źródłem dochodów jest praca. Jednocześnie bardziej liczna stanie się grupa osób starszych, a zapewnienie im opieki, będzie wiązać się z kolejnymi nakładami. Patrząc na efektywność finansów samorządów gminnych oraz ich perspektyw można zauważyć, iż zmiany te są niekorzystne dla gmin należących do wszystkich pięciu wyszczególnionych kategorii. Widać również zależność polegającą na tym, iż im gmina jest mniejsza tym bardziej niekorzystna jest jej struktura wiekowa. Zjawisko to można dostrzec przede wszystkim w grupie gmin zamieszkiwanych przez mniej niż 5 tys. Mieszańców.

Tabela1. Struktura demograficzna gmin w latach 2004-2010[22]

Wielkość gminy (l. mieszk.)	2004			2006			2008			20010		
	0-19	20-64	>64	0-19	20-64	>64	0-19	20-64	>64	0-19	20-64	>64
do 5 tys	27%	58%		26 %	59%	15%	24%	61%	15%	23%	62%	15%
do 5 tys. do 10 tys.	28%	59%		26%	60%	14%	25%	61 %	14%	24%	63%	13%
od 10 tys. do 15 tys.	27%	60 %		26%	62 %	12%	25%	63%	12%	24%	64%	12%
od 15 tys. do 20 tys.	27%	61%		25%	63 %	12%	24%	64%	12%	23%	65%	12%
ponad 20 tys.	25%	63 %		23%	65 %	12%	22%	65%	13%	21%	66%	13%

Zaprezentowana w powyższej tabeli tendencja demograficzna spowoduje, iż zmniejszy się odsetek ludzi, których źródłem dochodów jest praca. Jednocześnie bardziej liczna stanie się grupa osób starszych, a zapewnienie im opieki, będzie wiązać się z kolejnymi nakładami. Patrząc na efektywność finansów samorządów gminnych oraz ich perspektyw można zauważyć, iż zmiany te są niekorzystne dla gmin należących do wszystkich pięciu wyszczególnionych kategorii. Widać również zależność polegającą na tym, iż im gmina jest mniejsza tym bardziej niekorzystna jest jej struktura wiekowa. Zjawisko to można dostrzec przede wszystkim w grupie gmin zamieszkiwanych przez mniej niż 5 tys. mieszańców.[23]

Na sytuację demograficzną gmin, a co za tym idzie na finansową duży wpływ ma również zjawisko zwane migracją. Ujemne saldo migracyjne charakteryzuje głównie gminy posiadające najmniejszy obszar (do 5 tys. mieszkańców). Taka sytuacja występuje również

[22] Ministerstwo Administracji i Cyfryzacji, *Ocena sytuacji samorządów lokalnych,* https://mac.gov.pl/wp-content/uploads/2011/12/Ocena-sytuacji-samorządów-lokalnych.pdf, s.15.

[23] *Ibidem, s. 15*

w dużych gminach, jednak liczba ludzi migrujących jest mniej dotkliwa w stosunku do pozostałej ilości mieszkańców samorządu. Głównym czynnikiem, który decyduję o powstaniu spore; różnicy pomiędzy migracją w gminach mniejszych a tą w tych powierzchniowo większych jest poziom bezrobocia. Małe samorządy terytorialne, które stanowią przede wszystkim gminy wiejskie, nie mogą zagwarantować pracy wszystkim swoim mieszkańcom, gdyż nie są one wstanie stworzyć nowych miejsc pracy. Bywa również, iż teren jednostek samorządu terytorialnego jest na tyle nieatrakcyjny, iż żaden inwestor nie jest skłonny utworzyć nowych zakładów gwarantujących miejsca pracy. Pod tym względem w lepszej sytuacji są gminy posiadające większy obszar oraz większą liczbę mieszkańców. W takich samorządach znajduje się więcej przedsiębiorstw oraz fabryk. Często też takowe gminy posiadają o wiele lepszą infrastrukturę oraz wykwalifikowany i kompetentny kapitał ludzki.

Podsumowując sytuacje finansową, w jakiej znajdują się polskie gminy można stwierdzić, iż jest ona mocno zróżnicowana. Różnice te widoczne są najbardziej między gminami dużymi a tymi mniejszymi. Pewne zjawiska, choć by takie, jak migracja występują często na proporcjonalnie tym samym poziomie, jednak zawsze w gorszym położeniu znajduję się mniejsze samorządy, które zazwyczaj stanowią gminy wiejskie. Ponadto niepokojący jest znaczny wzrost liczby zadłużonych gmin. W prawdzie samorządy te chcą stawiać na rozwój, niestety często dokonują tego niebezpiecznie się zadłużając.

2.2. Sposoby finansowania gmin.

Każda gmina, jako organizacja musi mieć swoje dochody, które pozwolą jej możliwie, jak najlepiej prosperować. W tym rozdziale postaram się przybliżyć najważniejsze źródła z których gminy czerpią swoje dochody.

Jednym z podstawowych źródeł zasilających budżety jednostek samorządu terytorialnego są podatki i opłaty. Warto podkreślić, iż gminy, jako jedyne posiadają własne dochody pochodzące z podatków i opłat, a także mają możliwość modelowania ich elementów wewnętrznych. W innej sytuacji są natomiast powiaty i województwa, które funkcjonują dzięki podatkom stanowiącym dochód budżetu państwa.

Przyczyną, która wymusiła wprowadzenie podatków i opłat była chęć zapewnienia przez władze publiczne stosownych przychodów do budżetu gmin, których brak uniemożliwił by dokonanie celów publicznych. Daniny te są częścią szeroko pojmowanego systemu podatkowego.

Najpopularniejszą postacią daniny pieniężnej są podatki, którym to przypisuje się poniższe cechy:

a) powszechność
b) przymusowość
c) nie ekwiwalentność
d) ogólność
e) bezzwrotność
f) charakter pieniężny[24]

Opłaty natomiast w swej istocie podobne są do podatków, jednak istnieje pomiędzy nimi pewna różnica, którą jest odpłatność. Kiedy w przypadku opłat możemy mówić, iż jest to danina publiczna odpłatna, to już podatek takową nie jest. Opłaty i podatki wchodzą zatem w zakres tzw. zasilania wewnętrznego.

Sfera zasilania zewnętrznego jest znacznie obszerniejsza i bardziej skomplikowana, lecz daje samorządom spore możliwości rozwoju. Finansowanie zewnętrzne może charakteryzować zwrotność lub też bezzwrotność. Zasilenie zewnętrzne będące zasileniem bezzwrotnym stanowią środki finansowe przeznaczone na realizację celów samorządów i nie wymagające zwrotu. Ponadto przekazywane są one na szczególnych warunkach. Zasilanie zewnętrzne zwrotne wspomaga samorządy na szczególnych warunkach a środki pozyskane z tego źródła muszą być przeznaczone na konkretny cel. Możliwa jest też sytuacja, w której zasilanie zewnętrzne bezzwrotne może stać się zwrotnym. Sytuacja taka występuje wtedy, gdy środki wykorzystywane są niezgodnie z wcześniej założonym celem, lub też gdy czas realizacji zadania ulegnie wydłużeniu. Bywa również tak, iż środki zwrotne ulegają umorzeniu i automatycznie stają się bezzwrotnymi.[25]

Bardziej szczegółowo należy przeanalizować kategorię zasileń, które gwarantują permanentne wpływy do lokalnych budżetów. Do grupy tej zalicza się wpływy z udziału w podatkach stanowiących dochód budżetu państwa, dotacje oraz subwencje. Jest to grupa źródeł finansowania traktowana jako dochody o charakterze stałym, których zadaniem jest przede wszystkim zaspokojenie wymagań społeczeństwa na godnym poziomie,

[24] Jolanta Stacharska-Targosz, Jarosław Szostak (red.*), Finansowanie rozwoju regionalnego*, Wydawnictwo Wyższej Szkoły Bankowej w Poznaniu, Poznań 2007, s.169.

[25] Marek Dylweski, Beata Filipiak, Małgorzata Gorzałczyńska-Koczkodaj, *Finanse Samorządowe – narzędzia, decyzje, procesy,* Wydawnictwo Naukowe PWN, Warszawa 2006, s i 86

modernizowanie i unowocześnianie infrastruktury technicznej, a także wsparcie przedsiębiorstw świadczących usługi komunalne.

Udział w podatkach stanowiących dochód budżetu państwa został ustanowiony, jako źródło finansowania gmin, powiatów i województw i odnosi się do podatku dochodowego od osób fizycznych i osób prawnych. Udział ten w każdym szczeblu samorządu terytorialnego występuje na różnym poziomie, jednakże metoda obliczania jest taka sama. Środki pochodzące z podatku dochodowego od osób prawnych i jednostek organizacyjnych pozbawionych osobowości prawnej są zależne od miejsca, w którym znajduje się siedziba podmiotu uiszczającego opłatę. Owa kwota składa się z wielkości stanowiącej procent od ogólnej sumy podatku pochodzącego od podmiotów, których siedziba znajduje się na obszarze określonej jednostki samorządu terytorialnego.[26]

Kolejnym rodzajem zasilenia zewnętrznego jest tzw. subwencja ogólna. Istotą subwencji jest uzupełnienie dochodów własnych gmin. Z praktycznego punktu widzenia subwencje ogólne często są traktowane, jako podstawa działalności finansowej budżetów samorządowych. Można ją rozumieć, jako pewien rodzaj transferu środków finansowych pochodzących z budżetu państwa do budżetu wszystkich jednostek samorządowych. Warto zaznaczyć, iż organy stanowiące mogą swobodnie dysponować otrzymanymi w ten sposób środkami, co nie oznacza, iż nie podlegają one kontroli.

Subwencja ogólna posiada kilka cech, które w zupełności oddają jej istotę. Są to:

a) bezzwrotność
b) nieodpłatność
c) Ogólność
d) uzupełniający i obiektywny charakter

Subwencje dzieli się na cztery rodzaje, z których każdy obejmuje inny obszar zadań samorządów. Jest to:

a) subwencja wyrównawcza
b) subwencja równoważąca
c) subwencja regionalna
d) subwencja oświatowa [27]

---

[26] *Ibidem, s. 87.*
[27] Z. Ofiarkowski, *Subwencje i dotacje jednostek samorządu terytorialnego,* Difin, Warszawa 2002, s. 53-54

Gminy objęte są pomocą finansową pochodząca z trzech subwencji: wyrównawczej, równoważącej i oświatowej. Rozmiar subwencji oświatowej ustanawia każdego roku ustawa budżetowa. Kwota, jaką otrzymują wszystkie jednostki samorządu terytorialnego przeznaczoną na oświatę, ustalana jest w wielkości łącznej kwoty subwencji oświatowej ogólnej, która nie może być mniejsza od zaakceptowanej w ustawie budżetowej w roku bazowym, zmienionej o kwotę pozostałych wydatków związanych z skorygowaniem dokonywanych zadań z zakresu oświaty. Otrzymaną kwotę subwencji ogólnej pomniejsza się o 0,6%, co stanowić ma rezerwę oświatowej subwencji ogólnej. Kiedy rezerwa ta zostanie odliczona, subwencja ogólna zostaje podzielona na poszczególne jednostki samorządu terytorialnego.

W skład subwencji wyrównawczej ogólnej wchodzą dwa elementy:

a) kwota podstawowa
b) kwota uzupełniająca

Kwota podstawowa na 2013 roku dla gmin wynosiła 4,9 mld zł, a środki z niej pochodzące otrzymały jednostki, gdzie dochody podatkowe na jednego mieszkańca były niższe niż 92 % wskaźnika przychodów wszystkich gmin na jednego obywatela państwa. Ministerstwo Finansów podało, iż w 2013 roku kwotę podstawową pochodzącą z ogólnej subwencji wyrównawczej zostaną zasilone budżety 1937 gmin, w tym 128 miast i gmin a także 1349 gmin.[28]

Subwencja ogólna równoważąca ustanawiana jest dla gmin i powiatów. Wielkość środków finansowych pochodzących z tej części subwencji ogólnej dla gmin ustalana jest w wysokości, która jest sumą całkowitej kwoty wpłat samorządów gminnych do budżetu państwa przekazanej na ten element subwencji a także całkowitej kwoty uzupełniającej część subwencji ogólnej wyrównawczej obliczonej dla samorządów najniższego szczebla, których dochody podatkowe są wyższe od 150 % średniej krajowej, co wiąże się z tym, iż nie otrzymują one kwoty uzupełniającej, mimo że jest ona dla nich obliczana. Równoważąca subwencja ogólna rozdzielana jest pomiędzy gminy, przy czym bierze się pod uwagę kryteria dotyczące wydatków na dodatki mieszkaniowe w gminach miejskich, wiejskich, miejsko-wiejskich, jak i również przychodów związanych z udziałem w środkach pochodzących z

[28] Wioletta Kępka, *Subwencja w 2013 roku,* http://iskb.infor.pl/gospodarka-samorzad/wiadomosci/138582,Subwencja-w-2013-roku.html

podatku dochodowego od osób fizycznych a także podatku rolnego oraz podatku leśnego uiszczanego w gminach wiejskich i miejsko-wiejskich.[29]

Każde z powyższych źródeł pomocy finansowej ma na celu wspomóc samorządy w ich rozwoju. Pomoc ta sprawia, iż JST nie muszą w pełni ze swoich środków finansować celów oświatowych, co związane jest z ogromnymi kosztami, czego dowodem jest coraz większa liczba zamykanych szkół.

Kolejnym sposobem finasowania gmin jest pozyskiwanie środków z budżetu Unii Europejskiej. Środki finansowe pochodzące ze wspomnianego źródła przeznaczone dla jednostek samorządu terytorialnego mają podobną konstrukcję prawną do państwowych dotacji celowych. Wykorzystanie ich wymaga podstawy prawnej, którą stanowią przepisy ustanowione przez Unię Europejską, a polskie źródła prawa w postaci ustaw określających zasady pozyskiwania środków z budżetu Unii Europejskiej. Jedną z ważniejszych ustaw odnoszących się do tego zagadnienia jest ustawa z dnia 6 XII 2006 r. o zasadach prowadzenia polityki rozwoju i ustawa o finansach publicznych.[30]

W latach 2007-2013 realizowana była tzw. polityka spójności, która miała na celu zwiększenie wzrostu gospodarczego i zmniejszenia bezrobocia na terenie wszystkich regionów i miast Unii Europejskiej. Realizowana była przede wszystkim dzięki poniższym funduszom:

a) Europejski Fundusz Rozwoju Regionalnego

b) Europejski Fundusz Społeczny

c) Fundusz Spójności[31]

Europejski Fundusz Rozwoju Regionalnego jest największym funduszem. Jego istotą jest pomniejszanie różnic pomiędzy regionami słabiej rozwiniętymi a obszarami bogatszymi. EFRR przekazuje środki na wszystkie programy unijne, których celem jest wspomaganie opóźnionych regionów w ich rozwoju.

Europejski Fundusz Społeczny z kolei został utworzony w celu polepszenia jakości i dostępności miejsc pracy, a przez to zmniejszenia bezrobocia. Miła on również umożliwić

---

[29] Monika Korolewska, *Część równoważąca subwencji ogólne*, http://www.sejm.gov.pl/sejm7.nsf/BASLeksykon.xsp?id=568A6423E1527F68C1257A80003392C2

[30] A. Borodo, *System finansowy samorządu terytorialnego w Polsce*, Toruń 2011, s. 142-143.

[31] *Cele polityki spójności*, http://www.funduszeeuropejskie.gov.pl/wstepdofunduszyeuropejskich/strony/celepolitykispojnosci.aspx

chętnym zatrudnienie na obszarze całej Unii Europejskiej. Dziedziny, którymi zajmuje się Europejski Fundusz Społeczny to m.in.: promocja aktywnej polityki rynku pracy, której celem jest przeciwdziałanie i zapobieganie bezrobociu oraz rozwój przedsiębiorczości.

Fundusz Spójności natomiast wspomaga dwa sektory: transport i środowisko. Głównych beneficjentów tego funduszu stanowią jednostki samorządu terytorialnego lub też inne podmioty publiczne (np. przedsiębiorstwa komunalne będące własnością gminy). Z Funduszu Spójności odbiorcy mogą uzyskać wsparcie finansowe przeznaczone na duże projekty inwestycyjne z dziedziny ochrony środowiska. Ponadto środki pochodzące z Funduszu Spójności wspomagają rozwój bezpiecznej infrastruktury drogowej.

Przybliżone pokrótce powyższe Fundusze wywodzące się z Polityki Spójności umożliwiają m.in. gminom, pozyskiwanie dodatkowych środków na różnorodne inwestycje, które mają polepszyć życie mieszkańców. Większość projektów wymaga jednak udziału własnego, co oznacza iż gmina musi dysponować własnymi środkami, które stanowić będą pewną część określonej inwestycji. Często wiąże się to, ze sporym ryzykiem, jednakże jest to niezbędne aby gminy, szczególnie te słabiej rozwinięte, mogły zanotować progres gospodarczy.

Podsumowując powyższe sposoby finansowania gmin, można stwierdzić, iż są one różnorodne, a pozyskiwane środki mogą pochodzić zarówno z zasileń wewnętrznych (podatki, opłaty), jak i zewnętrznych (subwencje, dotacje celowe). Często gminy korzystają również z pomocy Unijnej w postaci wszelkiego rodzaju dofinansowań. Umiejętne wykorzystanie środków pochodzących z powyższych źródeł zwiększa szansę na szybki i efektowny rozwój jednostek samorządu terytorialnego, w tym oczywiście gmin.

2.3. Różnice pomiędzy funkcjonowaniem gminy wiejskiej i miejskiej.

Podział gmin na wiejskie, miejskie i miejsko-wiejskie został ujęty w rozporządzeniu Rady Ministrów z 15 grudnia 1998 r. Rozróżnienie to zostało wprowadzone na potrzeby krajowego rejestru urzędowego podziału terytorialnego kraju. Zgodnie z tym aktem prawnym wyróżniamy następujące rodzaje gmin

a) gmina miejska – gmina o statusie miasta
b) gmina wiejska – gmina, na terenie której znajdują się wyłącznie wsie

c) gmina miejsko-wiejska – gmina, na terenie której jedna z miejscowości posiada status miasta[32]

Choć zarówno gminy wiejskie, jak i miejskie należą do tego samego szczebla podziału terytorialnego państwa to jednak ich funkcjonowanie w pewien sposób różni się od siebie. Jest spowodowane przede wszystkim strukturom z jakich zbudowane są owe gminy, a także różnicą w ich obszarze oraz ludności. Większa liczba mieszkańców w gminach miejskich sprawia, iż te często są tymi zamożniejszymi. Oczywiście nie oznacza, to że dochód na jednego mieszkańca jest większy. Trzeba zachować tu pewną proporcję.

Do analizy tej postanowiłem posłużyć się przykładem gminy miejskiej Wrocław. Miasto to jest zarazem stolicą województwa dolnośląskiego. Natomiast za przykład gminy wiejskiej wezmę gminę Udanin znajdującą się w tym samym województwie a leżącą na obszarze powiatu średzkiego. Już samo porównanie dochodów budżetowych na rok 2013 pokazuje, jak wielka jest różnica pomiędzy obiema gminami, choć przecież, reprezentują one ten sam szczebel jednostki samorządu terytorialnego.Dochody ujęte w budżecie na 2013 rok prezentują się następująco:

a) Gmina Udanin – 17.925.676,00 zł[33]
b) Gmina Wrocław – 3.580.251.769 zł [34]

Okazuje, że dochody gminy Wrocław są niemal dwustu krotnie większe od dochodów gminy Udanin. Kontrast ten jednak nie pozwala jednak racjonalnie porównać jaka sytuacja finansowa panuje na obszarze wspomnianych samorządów. Ważna w tym aspekcie jest jeszcze liczba ludności. Wtedy to można obliczyć jaka kwota przypada na jednego mieszkańca gminy.

Biorąc pod uwagę stan ludności Wrocławia w dniu 30 czerwca 2013 r, który wyniósł 631.263 mieszkańców okazuję się, iż na jedną osobę przypada kwota w wysokości 5672 zł. Natomiast po podzieleniu sumy dochodów przez liczbę mieszkańców gminy Udanin wynoszącą 5665 , okazuję się, że na jednego mieszkańca przypada 3164 zł. Zachowując już

[32] Rozporządzenie Rady Ministrów z dnia 15 grudnia 1998 r. w sprawie szczegółowych zasad prowadzenia, stosowania i udostępniania krajowego rejestru urzędowego podziału terytorialnego kraju oraz związanych z tym obowiązków organów administracji rządowej i jednostek samorządu terytorialnego (Dz. U. 1998 nr 157 poz.1031)
[33] www.bip.ug-udanin.dolnyslask.pl/index.php?idmp=179&r=r
[34] www.bip.um.wroc.pl/wps/portal/bip

pewną proporcję można zauważyć sporą różnicę finansową gmin w przeliczeniu na jednego mieszkańca.

Gmina miejska taka, jak Wrocław oprócz ogromnego budżetu ma również do zrealizowania o wiele więcej zadań niż mniejsze gminy. To w pewien sposób usprawiedliwia wielkość budżetu. Choć gminy miejskie są bardziej rozległe i skupiają w sobie liczną grup ę mieszkańców, to jednak mnogość inwestycji sprawia, iż są one bardziej zauważalne i przede wszystkim odczuwalne przez obywateli. W przypadku gminy Udanin można mówić wyłącznie o kilku inwestycjach, które realizowane są w ciągu roku. Biorąc pod uwagę niski budżet można stwierdzić, iż są to nie małe przedsięwzięcia, mimo to w odczuciu mieszkańców często zostają niedocenione, a wynika to przede wszystkim z braku zainteresowania się sytuacją finansową, jaka panuje w danej gminie.

Jedną z cech, która sprawia, iż gmina miejska znajduje się w lepszym położeniu niż jej wiejski odpowiednik jest większa liczba miejsc pracy. Dzieje się to za sprawą licznie przybywających inwestorów. Tereny miejskie są bardziej atrakcyjne dla inwestorów, gdyż znajduje się tam liczna siła robocza, która z reguły jest lepiej wykwalifikowana i kompetentna. Duże znaczenie ma również infrastruktura, która w dużych miastach i ich obrzeżach jest mocno rozwinięta.

Oczywiście istnieje również duża różnica w funkcjonowaniu urzędu zarówno miejskiego, jak i gminnego. Prezydent miast posiada o wiele więcej pracowników oraz instrumentów, które to mają pomóc mu w efektywniejszym realizowaniu zadań własnych gminy, jak i również tych przez siebie zamierzonych. Osoby te są zazwyczaj lepiej wykwalifikowane, a to oznacza, iż organ wykonawczy gminy miejskiej posiada zasób ludzki, który charakteryzuje się wysoką kompetencją. To sprawia, iż takowe samorządy rozwijają się w szybszym tempie od ich wiejskich odpowiedników. Warto zwrócić również uwagę na fakt, iż bogatsze samorządy zobowiązane są dokonać wpłaty do budżetu państwa w celu zasilenia rezerwy celowej tego budżetu, z której finansowana jest subwencja ogólna(tzw. Janosikowe). Nierzadko są to kwoty mocno obciążające zamożniejsze gminy, jednak to zagadnienie poruszę w dalszej części swojej pracy.

3. Porównanie sytuacji społeczno-gospodarczej gmin z uwzględnieniem strategii prawidłowego rozwoju

3.1 Charakterystyka wybranych najbiedniejszych gmin a strategia prawidłowego rozwoju.

Zrozumienie przyczyny spowolnionego rozwoju gmin lub też jego braku wymaga porównania przedstawionych we wcześniejszych rozdziałach metod prawidłowego rozwoju ze sposobami zarzadzania gminą, a także czynnikami wpływającymi na jej rozwój ze stanem faktycznym w jakim znajdują się samorządy, których dochody per capita są zdecydowanie najniższe.

W tym porównaniu zostaną wzięte gminy miejskie, gdyż to one najlepiej odzwierciedlają poziom dochodów samorządu na danym obszarze a spowodowane jest to tym, iż często gminy wiejskie są proporcjonalnie zamożne do sąsiadujących z nimi gmin miejskich.

Według rankingu przygotowanego przez pismo samorządu terytorialnego „Wspólnota'' najbiedniejszym miastem w 2012 roku było miasto Pieszyce (woj. dolnośląskie), w którym dochód *per capita*[35] wynosił zaledwie 1590,88 zł. Mimo iż mogło by się wydawać, że tak niską pozycję powinien zajmować samorząd położony w tzw. ścianie wschodniej, to jednak miejscem lokalizacji owego miasta jest znajdujące się na zachodzie Rzeczpospolitej Polski województwo dolnośląskie. Jak się okazuje nie jest to zupełny przypadek, gdyż zaraz po Pieszycach kolejne miejsca w rankingu najbiedniejszych samorządów miejskich zajmują takie miasta, jak Piława Górna, Lubawka i Szczytna, a wszystkie te razem wzięte zlokalizowane są w województwie dolnośląskim.

Ciekawy jest fakt, iż najbiedniejsza gmina wiejska w Polsce tj. Jasło (per capita 1800,9 zł, woj. podkarpackie) dysponuje większym dochodem niż wspomniane wcześniej cztery miasta z województwa dolnośląskiego. Odnalezienie przyczyn, które były by odpowiedzialne za tak niskie miejsca zajmowane przez dolnośląskie samorządy miejskie jest bardzo skomplikowane. Zapewne duży wpływ na taki obrót spraw mają czynniki historyczne oraz samo położenie.[36] Istotny jest również poziom zaludnienia oraz liczba osób w wieku produkcyjnym, gdyż naturalnym skutkiem starzenia się społeczności jest spowolniony rozwój regionalny.

---

[35] *per capita - na głowę (przy przeliczaniu czegoś na osoby)*

[36] M.T., *Ranking najbiedniejszych samorządów,* http://samorzady.pb.pl/3222597,22020,ranking-najbiedniejszych-samorzadow

Przyczyny tak niskich dochodów gmin można szukać również w administracyjnym podziale samorządów. Często gminy obejmują taki obszar, który wręcz automatycznie stawia je w gorszej sytuacji ekonomicznej, społecznej oraz gospodarczej niż inne samorządy najniższego szczebla.

Gminom zarówno posiadającym bogaty budżet, jak i przede wszystkim tym, które mają ograniczone środki finansowe nie pozwalające na jakikolwiek rozwój, pozostaje korzystać z finansowych instrumentów działania na rzecz rozwoju gospodarczego, na który jednostka samorządu terytorialnego ma samodzielny wpływ. Są to:

a) instrumenty z obszaru władztwa podatkowego i obejmującego opłaty (stawki, ulgi, zwolnienia, umorzenia podatkowe, rozłożenia na raty)
b) instrumenty z zakresu dochodów z mienia (zyski spółek komunalnych, opłaty adiacenckie)
c) instrumenty dotyczące własnych wydatków inwestycyjnych (wybór rodzajów i kierunków inwestycji)
d) instrumenty z obszaru pozyskiwania pożyczek, kredytów oraz obligacji przeznaczonych na cele inwestycyjne.[37]

Powyższe instrumenty charakteryzuje uniwersalność, jednak ich skuteczność budzi więcej wątpliwości . Prawdą jest, iż każda gmina nastawiona na rozwój powinna w pełni korzystać z owych źródeł, lecz w przypadku gmin znajdujących się na samym początku rankingu najuboższych gmin jest to wręcz ostatnia deska ratunku, która pozwala im uniknąć popadnięcia w bankructwo.

Warto podkreślić, iż bogate samorządy opierają swoją politykę rozwojową na dwóch ostatnich grupach instrumentów, gdyż to one mają największy zasięg oraz przynoszą najbardziej widoczne rezultaty, lecz w pewnym stopniu zależne są one od dwóch wcześniejszych grup. Natomiast gminy ubogie wręcz skazane są na instrumenty z obszaru władztwa podatkowego i obejmującego opłaty oraz z zakresu dochodów z mienia. Te natomiast uzależnione są o stanu faktycznego w jakim znajduje się ludność zamieszkująca dane jednostki samorządu terytorialnego. Dość oczywistym jest fakt, iż suma środków zebranych z podatków uzależniona jest od samych podatników. Im ludność jest zamożniejsza i bardziej przedsiębiorcza tym te dochody stoją na znacznie wyższym pułapie. W tym

[37] A. Borodo (red.), *Aktualne problemy rozwoju gospodarczego gmin i powiatów*, Wyższa Szkoła Humanistyczno-Ekonomiczna we Włocławku, Włocławek 2006, s.27.

momencie powstaje pewnego rodzaju zamknięte koło, które przede wszystkim dotyka najmniej zamożne samorządy, takie jak wspomniane wcześniej gminy Pieszyce, Piława Górna, Lubawka i Szczytna. Te negatywne zjawiska polegają w głównej mierze, na tym iż powyższe samorządy chcąc rozwijać się powinny dokonywać kolejnych inwestycji, które często wymagają pozyskiwania kredytów, pożyczek oraz obligacji. Te zaś z kolei mogą mieć miejsce tylko wtedy, gdy gminy pozyskają wystarczającą sumę z dwóch pierwszych grup instrumentów, a to wymaga rozwiniętej lokalnej gospodarki, a co za tym indzie wielu zakładów oraz miejsc pracy.

Zarówno powstawanie nowych firm oraz stanowisk pracy jest jedną ze strategii, które umożliwiają zrównoważony rozwój gmin. Strategie te przedstawione zostały w pierwszym rozdziale tej pracy.

3.2. Główne czynniki kształtujące budżet w gminach wiejskich i miejskich.

Na kształtowanie się budżetu zarówno gmin bogatych, jak i tych mniej zamożnych składa się wiele czynników. Jednym z takowych, który stanowi zarazem pewnego rodzaju wskaźnik jest kondycja finansowa budżetów domowych, co z kolei wiąże się z poziomem bezrobocia.

Oczywistym jest fakt, iż podatki w głównej mierze tworzą gminny budżet, lecz ich wysokość a przede wszystkim efekt końcowy tzn. ostateczna suma zgromadzonych środków zależy od kondycji finansowej mieszkańców danego samorządu. Otóż w gminach wiejskich, gdzie większość osób utrzymuje się z uprawiania ziemi przychody z podatków są zazwyczaj proporcjonalnie niskie. Natomiast zwiększenie wpływów do budżetu po przez drastyczne podniesienie podatków rolnych jest zbyt ryzykowne i nie jest w stanie przynieść dalekosiężnych efektów. Dla tego też jednostki samorządu terytorialnego mające charakter rolniczy powinny zatroszczyć się o rozwój przedsiębiorczości na własnym obszarze. Powody takich działań są różnorakie. Jednym z nich jest to, iż gminom rolniczym potrzebna jest nowa infrastruktura, która umożliwi rozwój rolnictwa oraz przemysłu przetwórstwa rolnego. Niezbędne są zatem punkty skupu i magazynowania produktów rolnych, dobrze usytuowane drogi dojazdowe oraz filie lub też odziały baków i ubezpieczeń. Potrzebne są także punkty handlowe, w których powadzona będzie sprzedaż maszyn i urządzeń rolniczych, środków ochrony roślin, nasion, nawozów itp.[38]

[38] C. Kosikowski (red.), *Finanse samorządowe 2006*, Dom Wydawniczy ABC, Warszawa 2006, s.88.

W tym miejscu widoczna jest różnica pomiędzy działaniami podejmowanymi po przez gminy wiejskie i miejskie. Te pierwsze z reguły nastawione są na rozwój rolnictwa, te drugie zaś stawiają w głównej mierze na rozwój usług i przemysłu.Wracając do czynników kształtujących budżet. Aby lepiej je zrozumie należy dokładnie wyszczególnić dochody tworzące budżet gminy. Są to:

a) podatki,
b) udziały w podatkach budżetu państwa,
c) opłaty
d) dochody z majątku
e) transfery z budżetu państwa
f) środki zagraniczne
g) inne. [39]

Powyższe dochody wpływają bezpośrednio na finanse samorządów, natomiast takie czynniki, jak bezrobocie mają oddziaływanie bardziej pośrednie. Jest tak dlatego, iż bezrobocie, a co za tym idzie kondycja budżetów domowych mieszkańców bezpośrednio oddziałuje na stan danin publicznych (podatki), te dopiero z kolei w ten sam sposób wpływają na wysokość środków finansowych, które do dyspozycji mają władze samorządowe.

Udział wspomnianych dochodów różni się w gminach wiejskich i miejskich i nie stanowi to żadnej nowości. Ciekawe i wręcz paradoksalne zjawisko można zauważyć odnośnie bezrobocia. Prawdą jest, że z reguły bezrobocie nie korzystnie wpływa na rozwój gmin, lecz jest jeden, coraz bardziej powszechny wyjątek. Otóż rozwój gospodarczy i możliwości nowej technologii sprawiają, iż jedna maszyna potrafi wyręczyć kilku a czasem kilkunastu ludzi. Firmy natomiast w dalszym ciągu uiszczają daniny publiczne, a liczba osób tracących pracę nie jest (przynajmniej w aspekcie finansowym) odczuwalna przez samorządy. Jest to oczywiście zjawisko, które prędzej, czy później niekorzystnie odbije się na finansach gmin. Choć by dlatego, iż ludzie pozbawieni pracy często rejestrują się w Urzędach Pracy pobierając zasiłek, by następnie pozyskiwać środki do życia w tzw. „szarej strefie". To

[39] A. Miszczuk, M. Miszczuk, K. Żuk, *Gospodarka samorządu terytorialnego*, Wydawnictwdo naukowe PWN, Warszawa 2007, s.62.

utrudnia również dokładne oszacowanie liczby osób pozbawionych dochodów z tytułu podjęcia, jakiejkolwiek pracy. [40]

Kolejnym zagadnieniem dotyczącym zrównoważonego rozwoju a zarazem powiązanym z budżetem gmin jest równowaga budżetowa oraz czynniki na nią wpływające. Są to:

a) czynniki ekonomiczne – stanowią je wydatki na infrastrukturę gospodarczą (np. drogi). Realizacja owych inwestycji może być dokonana poprzez przedsiębiorstwa publiczne lub prywatne, które realizują zamówienia władz samorządowych.
b) czynniki organizacyjne – są to zasady, które określają formy przepływu dochodów, jak i wydatków, np. między budżetem gminy a oświatą.
c) czynniki techniczne – w ich zakres wchodzą techniki planowania dochodów i wydatków budżetowych. Obejmują również gromadzenie dochodów budżetowych oraz rozdysponowanie wydatków. Ponadto czynniki te umożliwiają monitorowanie dochodów i wydatków budżetowych, co jest szczególnie istotne ze względu na liczne operacje dochodowo-wydatkowe dokonywane w zakresie budżetu gminy.[41]

Analogicznie, jak czynniki kształtujące budżet, o których wspomniałem wcześniej, tak i czynniki równowagi budżetowej mają różny wpływ w poszczególnych gminach. Wystarczy, iż jedna z powyższych grup zostanie zbagatelizowana a doprowadzić to może to zachwiania nie tylko równowagi budżetowej, lecz przede wszystkim do zachwiania procesu rozwojowego gminy.

W tym miejscu wysnuwa się wprawdzie dość oczywisty, lecz zarazem warty zwrócenia uwagi wniosek. Otóż pokazuje on, jak istotną, wręcz podstawową role w zrównoważonym rozwoju gmin ma jej budżet. Widać to szczególnie po zapoznaniu się z powyższymi czynnikami. To pokazuje również, że każdy zarządca gminy (wójt, burmistrz, prezydent) powinien w pierwszej kolejności zadbać o równowagę budżetową, dającą

[40] M. Bednarz, *Rozwój gospodarczy, to mniejsze bezrobocie. Czyżby?*, http://inwestycje-gieldowe.pl/blog/rozwoj-gospodarczy-to-mniejsze-bezrobocie-czyzby/
[41]http://www.seoteka.pl/a235.php/8, 17.03.2014 r.

możliwość bezpiecznego rozwoju, który po dłuższym czasie nie okaże się zgubny dla finansów samorządowych.

Rola wspomnianych czynników różni się zarówno w gminach wiejskich, jak i miejskich. To samo ma się do samorządów mniej lub też bardziej rozwiniętych. Na przykład biorąc pod uwagę czynniki ekonomiczne, można stwierdzić iż większy wpływ na progres mają w gminach o wyższym stopniu rozwoju. Uzasadnienie wydaje się oczywiste. Otóż rozwój takich gmin wynika często z pewnego rodzaju uprzywilejowania, jakim jest choć by surowiec znajdujący się na danym terenie. To oznacza, iż czynniki ekonomiczne związane z inwestycjami czy wydobywaniem tego surowca mają zapewne większy wpływ na budżet, a co za tym idzie na rozwój, niż w gminach gdzie dobra naturalne nie występują.

3.3.Różnice w wysokości podatków na przykładzie gmin miejskich.

W kolejnej części pracy warto porównać wysokość podatków w gminach najbiedniejszych oraz tych bardziej zamożnych. W tym celu można posłużyć się po raz kolejny rankingiem przygotowanym przez pismo samorządu terytorialnego „Wspólnota'', według, którego to najbogatszą gminą miejską z przychodem per capita 18.773 zł jest miasto Krynica (woj. pomorskie), zaś na końcu rankingu znajduje się gmina Bychawa (woj. lubelskie) gdzie dochód per capita stanowi 1.994 zł. [42]

Oba te samorządy łączy wspólna cecha, a mianowicie są to gminy, które w głównej mierze utrzymują się z turystyki. Jednakże ich położenie sprawia, że pomimo, iż reprezentują ten sam sektor gospodarki to istnieją spore różnice pomiędzy dochodami na jednego mieszkańca. Przyczyną tego, może być odmienny charakter turystyki, jaki panuje w obu gminach. Otóż miasto Krynica Morska swój szczyt, w którym odwiedza ją największa ilość turystów ma w miesiącach letnich oraz wczesnojesiennych i późnowiosennych. Bychawa zaś posiadając wiele zabytków i różnorodny krajobraz przyciąga zwiedzających przez cały rok kalendarzowy, co daje mieszkańcom możliwość zarobku przez 24 miesiące w roku. To z kolei sprawia, iż na stałe zameldowanych jest tam więcej ludzi niż w Krynicy Morskiej, z której to większość ludzi (w tym właściciele agroturystyki) po zakończeniu sezonu wyjeżdża w inne regiony Polski. Dlatego w gminie Bychawa dochód z budżetu przypada na większą ilość osób, a to powoduje iż, na jednego mieszkańca przeznaczona jest o wiele mniejsza suma pieniędzy. Oznacza to więc, że mniejszy dochód per capita nie świadczy o tym, iż gmina jest

---

[42] http://www.wspolnota.org.pl/uploads/media/Ranking_zamoznosci_samorzadow_2012-_miasta.pdf

w gorszej sytuacji finansowej i przez to nie może stawiać na rozwój. Przykład ten stanowi natomiast pewnego rodzaju wyjątek.

Analizując w dalszym ciągu obie gminy warto porównać wysokość ich podatków i sprawdzić, czy występuję między nimi wyraźna różnica. Pozwoli to sprawdzić, czy któraś z gmin chcąc poprawić kondycję swojego budżetu sięga po najprostszą (lecz nie zawsze skuteczną) metodę pozyskiwania środków, jaką jest przymusowa danina publiczna, w postaci podatku. Dokonując tego należy pamiętać, iż poziom rozwoju obu wspomnianych samorządów stoi na wysokim poziomie.

Poniższa tabela przedstawia wysokość wybranych podatków w gminie Bychawa oraz w Krynicy Morskiej.

Tabela 2.[43]

Rodzaj podatku	Wysokość podatku w gminie Bychawa	Wysokość podatku w gminie Krynica Morska
Podatek od gruntów związanych z prowadzeniem działalności gospodarczej , bez względu na sposób zakwalifikowania w ewidencji gruntów i budynków	0,66 zł od 1 m^2 powierzchni	0,74 zł od 1 m^2powierzchni
Podatek od budynków lub ich części mieszkalnych	0,51 zł od 1 m^2 powierzchni użytkowej	0,57 zł od 1 m^2 powierzchni użytkowej
Podatek od budynków związanych z udzielaniem świadczeń zdrowotnych w rozumieniu przepisów o działalności leczniczej	3,81 zł od 1 m^2 powierzchni użytkowej	4,01 zł od 1 m^2 powierzchni użytkowej

Widząc powyższe kwoty, można dojść do wniosku, iż różnice występujące pomiędzy nimi nie są duże. Może to być spowodowane tym, iż obie gminy rozwijają się dzięki temu samemu sektorowi gospodarki, jakim są usługi. Dla porównania w gminie Jaworzyna Śląska

[43]http://edziennik.gdansk.uw.gov.pl/WDU_G/2011/177/4205/Akt.pdf oraz http://www.bychawa.bip.lublin.pl/upload/pliki/OXI_78_2011.pdf

(gmina miejska) wysokość podatków z kategorii zamieszczonych w tabeli jest w każdym przypadku zdecydowanie wyższa. Jest to spowodowane tym, iż jest to miasto przemysłowe znajdujące się w Aglomeracji Wałbrzyskiej. Ponadto na jej terenie nie znajduje się duża liczba miejsc, w które przyciągały by znaczącą liczbę turystów. Dla tego gmina chcąc zadbać o równowagę budżetową stara się pozyskać, jak największe środki właśnie za pomocą publicznej daniny, jaką jest podatek, choćby od budynków mieszkalnych.

3.4. Wielkość obszaru gminy a jej rozwój.

Przyjęło się, iż państwa posiadające duże terytoria są bogatsze, a co za tym idzie szybciej rozwijają się, gdyż stanowią poważnych partnerów w między narodowych interesach. Analogiczna sytuacja dotyczy jednostek samorządu terytorialnego, jakimi są gminy. Otóż w tym przypadku również możemy zauważyć, iż samorządy o większej powierzchni terytorialnej znajdują się w lepszej sytuacji ekonomicznej czy też społecznej niż gminy zajmujące o wiele mniejszy obszar.

Aby lepiej zobrazować ten fakt, można posłużyć się rankingiem przygotowanym przez Główny Urząd statystyczny z 2011 r. Ranking ten przedstawia zarówno gminy o największej powierzchni, jak i te o najmniejszej. Jak się okazuje, największą gminą w Polsce jest miasto Pisz (woj. warmińsko-mazurskie).[44] Obszar w jakim się znajduje sprawia, iż owa gmina jest dogodnym miejscem dla miłośników sportów wodnych oraz aktywnego wypoczynku. Ponadto, przez terytorium gminy Pisz przepływa rzeka Pisa, która wraz z kanałami łączy miasto z akwenami wód mazurskich, co z kolei sanowi ideale warunki dla żeglarzy i regularnych rejsów Żeglugi Morskiej. Siłę gospodarki miasta stanowi zaś rozwinięty przemysł drzewny, jak i również proekologiczne plany inwestycyjne.[45]

Powyższy przykład pokazuje, jak ważne jest nie tylko lokalizacja gminy ale również zasięg jej obszaru. Wystarczy wyobrazić sobie, jak wiele straciła by gmina Pisz, gdy by przez jej obszar nie przepływała rzeka Pisa, lub też nie występowały by liczne lasy. Tak więc duży obszar, który stanowi 63.370 ha gwarantuje różnorodność bogactw naturalnych, natomiast znajdujące się tam liczne atrakcje przyrodnicze gwarantują znaczącą liczbę turystów, dzięki to którym rozwija się jeden z sektorów gospodarczych, jakim są usługi. Nie bez znaczenia pozostaje również fakt, iż gmina Pisz położona jest nie daleko morza Bałtyckiego, które to również przyciąga wielu turystów.

---

[44] http://www.stat.gov.pl/gus/5840_6340_PLK_HTML.htm

[45] http://www.mapofpoland.pl/Pisz,opis.html, 26.03.2014 r.

Posługując się tym samym rankingiem warto przyjrzeć się gminie miejskiej, która zajmuje najmniejszy obszar w Polsce. Jak się okazuje jest to samorząd znajdujący się również w województwie warmińsko-mazurskim, a mianowicie jest to gmina Górowo Iławieckie, której obszar wynosi 332 ha. Co po przeliczeniu oznacza, iż samorząd ten jest ok. 190 razy mniejszy od gminy Pisz.

Okazuję się, iż Górowo Iławieckie, choć zajmuje o wiele mniejszy obszar to jednak nie odstaje gospodarczo od swojego większego odpowiednika. Miasto to jest lokalnym ośrodkiem handlowym, przemysłowym i usługowym. Władze miejskie nastawione są zaś na rozwój turystyki, a to powoduje rozwój firm z branży turystycznej. To wszystko wraz z racjonalnym eksploatowaniem środowiska skutkuje tym, iż gmina Górowo Iławieckie rozwija się w sposób zrównoważony. Natomiast działania, jakie prowadzone są na terenie tegoż samorządu w oparciu o zakres rzeczowo-finansowy są niezmiernie skomplikowane. Znajomość owych zagadnień może stanowić spory kapitał dla każdego specjalisty zajmującego się rozwojem regionów. Często jednak sztuka efektywnego inwestowania sprawia tak duży kłopot, że nawet korzystne położenie gminy nie gwarantuje permanentnego i długotrwałego rozwoju. Górowo Iławieckie jest natomiast przykładem samorządu, w którym działania, zarówno w sektorze gospodarczym, jak i usługowym są dokonywane w sposób przemyślany i racjonalny, a stosunkowo mały obszar nie przeszkadza w osiąganiu kolejnych celów.[46]

[46] J. Hermaszewski, *Wpływ inwestycji na rozwój gminy – doświadczenia Polkowic*, Państwowa Wyższa Szkoła Zawodowa w Głogowie, Głogów 2005, s. 127.

4. Pomoc finansowa oraz współpraca gmin wspomagająca ich rozwój.

4.1 Odziaływanie dotacji celowych z budżetu państwa oraz subwencji ogólnych na rozwój gmin.

Każdy podmiot gospodarczy, w tym oczywiście gmina musi dysponować odpowiednimi środkami. Aby efektywnie działać, jednostki samorządu terytorialnego zobowiązane są gromadzić odpowiednie środki finansowe, które następnie przeznaczane są na realizowanie zadań związanych z zaspokajaniem lokalnych i regionalnych potrzeb społeczeństwa.[47] Wiadomo już, że gminy dysponują wieloma instrumentami za pomocą, których mogą pozyskiwać fundusze na rozwój. Jednakże aby jednostki samorządu terytorialnego nie były całkowicie osamotnione mogą liczyć na pomoc ze strony państwa. Najbardziej znaczącymi formami pomocy są subwencje ogólne oraz dotacje celowe. Ich głównym celem jest wsparcie gminy w wykonywaniu przez nią dowolnych działań . Po mimo, iż w drugim rozdziale pracy temat subwencji był już poruszony, to warto jeszcze zatrzymać się nad tym zagadnieniem. Otóż subwencja jest specyficzną formą dotacji, która może zostać wykorzystana na dowolny cel. Ta dowolność jest dużym przywilejem, a może nawet wyjątkiem, gdyż w państwie demokratycznym często środki pochodzące z budżetu państwa są restrykcyjnie kontrolowane i skierowane na konkretne działanie. W tym przypadku ustawodawca, mógł kierować się faktem, iż to władze lokalne wiedzą najlepiej, jakie potrzeby mają ich gminy. Dzięki temu, mogą oni zająć się choćby kolejnymi inwestycjami.

Wejście w życie nowej ustawy o dochodach jednostek samorządu terytorialnego – w porównaniu z przepisami obowiązującymi do końca grudnia 2003 r. – spowodowało do zmiany struktury dochodów jednostek samorządu terytorialnego. Działanie to polegało na zwiększeniu udziału dochodów własnych, a pomniejszeniu wpływów z dotacji i subwencji pochodzących z budżetu państwa. Tak więc, głównym źródłem finansowania zadań własnych przez gminę stały się dochody własne oraz subwencja ogólna natomiast dotacje celowe zaczęły pełnić rolę uzupełniająca.[48]

Różnicę pomiędzy dotacjami celowymi a subwencją ogólną widać już w samej nazwie. Otóż dotacje celowe dla jednostek samorządu terytorialnego muszą być przeznaczane na konkretne zadania. W sytuacji, gdy nie zostaną wykorzystane, władze gminy zobowiązane

---

[47] L. Jędrzejewski, *Gospodarka finansowa samorządu terytorialnego w Polsce,* Oficyna wydawnicza Branta, Bydgoszcz-Gdańsk 2007, s.67.
[48] *Ibidem,* s.72.

są je zwrócić. Stanowią one więc dla władz państwowych skuteczny instrument oddziaływania na samorząd terytorialny.

Podobnie, jak subwencje tak i dotacje celowe podzielone są na kilka szczegółowych grup, które określają jednoznacznie jakie działania mają zostać zrealizowane przez samorządy gminne. Do grup tych zaliczamy dotacje celowe przeznaczone na:

a) Zadania zlecone z zakresu administracji rządowej
b) dofinansowanie inwestycji gmin realizowanych, jako zadania własne
c) finansowanie lub dofinansowanie bieżących zadań własnych gmin
d) finansowanie zadań gminy realizowanych na podstawie porozumień[49]

Dotacje celowe na zadania zlecone z zakresu administracji rządowej wynikają z ustaw szczególnych regulujących konkretne dziedziny działalności gospodarczej lub społecznej. Przykładowymi ustawami ustalającymi owe zadania jest ustawa o pomocy społecznej oraz o świadczeniach rodzinnych. Ponadto na gminy mogą być nakładane obowiązki związane z organizacją i przeprowadzeniem referendum. Tak więc analizując dotację pod kontem rozwoju gmin, można stwierdzić, iż ta grupa nie ma na ten proces większego wpływu, gdyż środki te mają głównie pokryć wydatki socjalne (np. pomoc społeczna).

Inaczej jest w przypadku dotacji celowych przeznaczonych na dofinansowanie inwestycji gmin realizowanych jako zadania własne. Przepisy określające warunki przyznania środków na finansowanie inwestycji realizowanych przez gminę zakładają iż takowa inwestycja może być jedynie dofinansowana po przez państwo. Pomoc ta przeważnie nie może przewyższać 50 % sumy kosztorysowej inwestycji. Gmina oczywiście ma możliwość finansowania inwestycji wyłącznie z własnych środków, bez ubiegania się o dofinansowanie. W sytuacji, gdy państwo reprezentowane przez wojewodę lub inny organ rządowy postanowi w części wspomóc inwestycję gminną, to wtedy ma prawo stawiać warunki skierowane w stronę dokonywanego przez gminę zadania inwestycyjnego. Innym rodzajem dotacji, zaliczanym również do tych przekazywanych na dofinansowanie inwestycji gminnych są dotacje przeznaczone na inwestycje wieloletnie. Podobnie, jak w powyższym przykładzie, stanowi to instrument, za pomocą, którego państwo ingeruje w rozwój gminy, co zarazem reguluje ustawa budżetowa.

[49] A. Borodo, *Dochody jednostek samorządu terytorialnego w świetle ustawy z 13 XI 2003 r.*, Dom organizatora, Toruń 2004, s. 39-43

Kolejna grupa dotacji, ma już zdecydowanie mniejszy wpływ na rozwój gmin. Twierdzi się, iż owe dotacje powinny spełniać ograniczona rolę, a bieżące zadania własne samorządy w głównej mierze zobowiązane są realizować z własnych dochodów. Może się wydawać, iż zadania rządowe o charakterze lokalnym i komunalnym powinny stanowić nie wielką ilość.

Interesującą i zarazem dość złożoną formą pomocy dla gmin jest ostatnia grupa dotacji celowych, które przeznaczone są na finansowanie zadań gminy realizowanych na podstawie porozumień. Polega to na tym, że gminie powierza się wykonanie zadania z zakresu administracji rządowej przy jednoczesnym porozumieniu z organami tej właśnie administracji. Istnieje również możliwość i samorządy najniższego szczebla mogą realizować zadania z zakresu właściwości powiatu lub województwa. Dzieję się to oczywiście na mocy porozumień zawartymi z wymienionymi jednostkami samorządu terytorialnego. [50]

Po zapoznaniu się z istotą powyższych grup dotacji celowych, jak i subwencji, można dojść do wniosku, iż stanowią one jedynie pewnego rodzaju dopełnienie budżetu gminy, a sam samorząd musi w głównej mierze opierać swoje inwestycje o dochody własne, ewentualnie pozyskiwać środki z funduszów europejskich. Subwencje, jak i dotacje celowe mają również za zadanie odciążyć jednostki samorządu terytorialnego w pewnych obszarach ich działalności, a przez to umożliwić im podjęcie większego wysiłku w dziedzinie zrównoważonego rozwoju, w którym to przecież wymagany jest równomierny progres gospodarczy, jak i eksploatacja środowiska, a to z kolei wymaga przemyślanych, fachowych i uważnych działań.

4.2. „Janosikowe'', jako forma zasilania funduszu solidarnościowego.

Jedną z już wspominanych form finansowania gmin przez państwo jest subwencja wyrównawcza, która powstaje z tzw. podatku „janosikowego''. Podatek ten jest to przymusowa wpłata do budżetu państwa, która weszła w życie w 2003 roku. Do jej zapłaty zobowiązane są gminy najbogatsze na rzecz pozostałych będących w o wiele gorszej sytuacji finansowej. Podstawę prawną w tej kwestii stanowi ustawa z dnia 13 listopada 2003 roku o dochodach jednostek samorządu terytorialnego.[51] Wspomniany akt prawny reguluje również

[50] *Ibidem*, s. 44-46.
[51] Ustawa z dnia 13 listopada 2003 r. o dochodach samorządu terytorialnego (Dz.U. 2003 Nr 203, poz. 1996 z późń. zm.)

zasady, na których podstawie obliczana jest wysokość podatku, jaką zapłacić mają różne samorządy.

Istotą tej formy pomocy samorządom terytorialnym było wsparcie dla lokalnych budżetów, co z kolei miało wpłynąć na rozwój gmin w całym kraju. Jednakże, pomysł ten krytykowany był już od samego początku. Po dłuższym zastanowieniu się, trzeba przyznać, że całkiem słusznie. A jednym z mocniejszych argumentów podważających sens funkcjonowania subwencji wyrównawczej jest rażący brak logiki i proporcjonalności, gdyż niektóre gminy muszą płacić wielomilionowy podatek (co znacznie uszczupla ich budżet) by biedniejsze samorządy otrzymały pomoc w wysokości zaledwie kilkunastu tysięcy złotych. Nie trudno więc jest się domyślić, iż gminy biedne, które otrzymują takową pomoc i bez niej są w stanie funkcjonować, niestety na tym samym niskim poziomie.

Instytucja wpłat gmin do funduszu solidarnościowego ma na celu nie tylko powiększenie kwoty środków przeznaczonych na subwencje ogólne dla gmin oraz pomniejszenie wydatków pochodzących z budżetu państwa na cele wyrównawcze, jej zadaniem jest również przejęcie nadmiaru środków podatkowych gmin, mających szczególnie silną pozycję finansową, na których obszarze występują liczne i efektywne źródła dochodowe a ponadto są relatywnie dobrze wyposażone w przychody podatkowe na tle innych gmin. Zdarza się, iż wpływy te mogą przekraczać potrzeby finansowe gmin, które wynikają z zadań określonych przez ustawę. Subwencja wyrównawcza powinna mieć również na celu respektowanie idei mówiącej o względnie jednakowych warunkach życiowych obowiązujących na obszarze całego kraju oraz względnie jednakowego wyposażenia finansowego samorządów w środki finansowe, niezbędne do wykonywania zadań ustawowych.

Dla gmin bogatszych jest to niepokojące z tego względu, iż wspomniane wpłaty mogą być postrzegane, jako pewnego rodzaju sankcje za dojście do zaawansowanego poziomu ekonomicznego, którego skutkiem są ponadprzeciętne dochody podatkowe samorządu gminnego. Należy zwrócić jeszcze uwagę na fakt, iż wysokie wpływy podatkowe gminy często są efektem okoliczności powstałych niezależnie od działań podjętych przez władze gminy i oraz jej mieszkańców. Istotne jest też to aby, obowiązkowe wpłaty gmin nadto ich nie obciążały, gdyż mogło by to osłabić inicjatywę rozwoju ekonomicznego gmin.[52]

[52] A. Borodo, *Samorząd terytorialny, system prawnofinansowy,* Wydawnictwo prawnicze LexisNexis, Warszawa 2004, s.161-162.

Wiedząc już, w jaki sposób zasilana jest subwencja wyrównawcza, można zastanowić się nad skutecznością „janosikowego''oraz nad tym, czy wpływa ono korzystnie na samorząd. Otóż mogło by się wydawać, że instytucja ta ułatwia funkcjonowanie gminom biedniejszym. Jednak trzeba wziąć pod uwagę samorządy uznawane za bogate, które to wspomagają biedniejsze gminy tracąc przy tym nie bagatelną sumę pieniędzy. Przykładem negatywnego skutku wywieranego przez „Janosikowe'' jest sytuacja, jaka panowała w województwie mazowieckim w 2013 roku. Samorząd ten, będący zarazem jednym z najbogatszych w Polsce był bliski bankructwa. Otóż 18 lutego 2014 roku Ministerstwo finansów informowało, iż województwo mazowieckie zalega z wpłatami na rzecz subwencji wyrównawczej w wysokości 170 mln. 550 tys. 295,67 zł. Kwota ta dotyczyła oczywiście roku 2013.[53]

Sytuacja ta zmusiła władze samorządu do drastycznego oszczędzania oraz zaciągania kredytów, gdyż niespłacony dług groził odsetkami a nawet zajęciem przez komornika samorządowych kont. To sprawiło, że województwo mazowieckie, jako jedno z najbogatszych samorządów w Polsce stanęło na skraju bankructwa. Oczywistym następstwem było wstrzymanie licznych inwestycji i miasto stołeczne Warszawa, będące zarazem stolicą województwa mazowieckiego oraz gminą, musiało skoncentrować się na spłacie znaczącego zadłużenia.

Przykład ten pokazuje, iż subwencja wyrównawcza, która przekazywana jest dla gmin biedniejszych powoduje problemy finansowe bogatszych samorządów. Widać więc tu spory brak proporcjonalności. Ponadto wielu przedstawicieli władz gminnych zarzuca ustawodawcy, nie kompetentne skonstruowanie przepisów dotyczących „janosikowego'' przez co wysokość wpłat uiszczanych przez poszczególne samorządy jest często zbyt wysoka i często znacząco osłabia gminne budżety zamykając tym samym perspektywy zrównoważonego rozwoju.

Ostatecznie sprawę rozstrzygnął Trybunał Konstytucyjny, który w dniu 4 marca 2014 r. wydał wyrok uznający, część przepisów dotyczących subwencji wyrównawczej za niekonstytucyjne.[54] Orzeczenie to, jest początkiem zmian związanych z wspomaganiem gmin biedniejszych przez bogatsze. Nie oznacza jednak, że instytucja „janoskowego'' jest zupełnie niepotrzebna i zasługuje na całkowite unieważnienie. W tej sytuacji powinno się raczej dążyć do alternatywnego rozwiązania, dzięki któremu współpraca pomiędzy gminami będzie o

[53]http://www.samorzad.lex.pl/czytaj/-/artykul/mazowieckie-zaciagnelo-kredyt-na-janosikowe-i-uniknelo-bankructwa

[54] Wyrok Trybunału Konstytucyjnego z dnia 4 marca 2014 r., sygn.. akt K 13/11 (Dz.U. 2014 poz. 348)

wiele bardziej efektowniejsza i nie narażała na bankructwo gmin silniejszych ekonomicznie. Odpowiednio dobrane przepisy umożliwią równomierny rozwój samorządów lokalnych, a co za tym idzie, całego państwa.

Podsumowując rolę „janosikowego'', które stanowi część subwencji wyrównawczej, można stwierdzić, że nie spełnia ono powierzonej mu roli zakładającej wyrównywanie szans dla gmin. Kwoty, jakie wpływają z tytuły wspomnianej subwencji do budżetów gmin, są na tyle niskie, że nie powodują dynamiczniejszego rozwoju owych samorządów. Natomiast często komplikują proces rozwojowy gminom zamożnym, które co prawda wyrażają chęć pomocy swoim uboższym odpowiednikom, jednakże w oparciu o zupełnie inne przepisy.

4.3 Metoda bezpośredniej kooperacji alternatywą dla „Janosikowego''

Biorąc pod uwagę powyższe wnioski należałoby się zastanowić, czy istnieje możliwość zamiany subwencji wyrównawczej na zupełnie inny model współpracy. Pisząc tę publikację udało mi się stworzyć alternatywny pomysł na to aby samorządy gminne mogły jeszcze efektowniej się rozwijać i który sprawiłby, że zniknęły by patologie, jakie miały miejsce np. w sytuacji województwa mazowieckiego.

Każdy z nas bowiem chce pomagać i lubi to robić, natomiast prawdą jest to, że o wiele bardziej czujemy się, że pomogliśmy gdy zrobiliśmy to bezpośrednio, np. kupując coś danej osobie niż dając pieniądze na jakąś zbiórkę i dopiero ktoś inny podejmuje decyzje finansując pomoc z tzw. „jednego worka'' Podobnie jest z bogatymi samorządami. Wpłacając składkę na subwencje wyrównawczą wrzucają pieniądze do tajemniczego „ wora'' i w dalszej kolejności nie mają najmniejszego wpływu, na jaki cel te środki zostaną przeznaczone. Jest to sytuacja mocno frustrująca dla władz samorządowych ale również, a może przede wszystkim dla mieszkańców, którzy tak naprawdę są płatnikami tej składki. Tym bardziej, że często część tych pieniędzy po prostu nie jest wykorzystywana zgodnie z przeznaczeniem, lecz to już jest zagadnienie natury politycznej.

Metoda bezpośredniej kooperacji polegałaby na podobnym mechanizmie do wspomnianego wyżej. Samorządy zamiast wpłacać często gigantyczne składki na subwencję wyrównawczą, mogłyby udzielać ze swoich środków bezpośrednią pomoc gminom np. sąsiadującym a mniej zamożnym. Miałyby przy tym pełna swobodę wyboru i nawiązania współpracy. Wyobraźmy sobie, że bogata Gmina „A'' sąsiaduje z biedniejszą gminą „B'' Wtedy to władza tego pierwszego samorządu zobowiązana przepisami o obowiązkowej pomocy nawiązuje współprace z gminą sąsiednią, finansując konkretną inwstycję, np. remont drogi. Wtedy to korzyści zyskiwałaby nie tylko gmina „B'' ale również ta bogatsza, gdyż rozwój infrastruktury drogowej gminy sąsiedniej wpłynąłby pozytywnie na wizerunek gminy „A '' a współpraca ta znacznie przyczyniłaby się do progresu ekonomicznego całych regionów a nie tylko poszczególnych gmin. Model ten nie wyklucza również nawiązania współpracy z gminami stosunkowo dalej położonymi.

Aby cały proces przebiegał pomyślnie należałoby powołać instytucję krajową, która dbałaby o to ażeby w miarę możliwości każdy z uboższych samorządów w przeciągu np. 4 lat otrzymał min. jedno wsparcie inwestycyjne. Jest to bardzo ogólna propozycja lecz przy ewentualnej pomocy wybitnych ekonomistów można opracować konkretniejszą wersję tegoż modelu, który byłby dla gmin zdecydowanie korzystniejszy od obecnej subwencji wyrównawczej.

4.4. Współpraca pomiędzy gminami ze szczególnym uwzględnieniem euroregionu

W tej części pracy prószony zostanie temat współpracy pomiędzy gminami Polskimi a ich niemieckimi odpowiednikami. Jak się okazuje, dla zrównoważonego rozwoju sfery ekonomicznej, środowiskowej i społecznej wielu polskich samorządów duże znaczenie mają działania podjęte za pomocą współpracy transgranicznej.

Jednym z rodzajów partnerstwa gmin jest współdziałanie bezpośrednie, o charakterze jednostronnym. W głównej mierze są to działania polegające na oferowaniu okazjonalnej pomocy gminom znajdującym się w państwach biedniejszych lub dotkniętych klęskami żywiołowymi. W Republice Federalnej Niemiec zjawisko to ma wieloletnie tradycje i nazywane jest pomocą dla rozwoju lub współpracą dla rozwoju. Niesienie wsparcia ludziom w innych krajach jest przede wszystkim zadaniem społecznych organizacji pozarządowych, mimo to gminy w krajach wysokorozwiniętych mają duży wpływ na postęp ogólnospołecznego dobrobytu.[55]

Przykładem instytucji współpracy transgranicznej jest Euroregion. Organizacja ta jest formą zrzeszenia jednostek samorządu terytorialnego, znajdujących się na obszarach przygranicznych kilku krajów. Głównym zadaniem owej instytucji jest współpraca oraz wzajemne kierownictwo działaniami podjętymi w celu polepszenia ogólnorozumianego

[55] K. Jóskowiak, *Współpraca transgraniczna i międzynarodowa Polski u progu członkostwa w Unii Europejskiej,* „Samorząd'' 2003, nr.5, s. 4.

rozwoju terenów wchodzących w jej skład. Nazwa owej instytucji mogła by wskazywać, iż dotyczy ona współpracy podmiotów o charakterze regionalnym, jednak przeważnie w skład tego zrzeszenia wchodzą gminy, jako jednostki samorządu terytorialnego najniższego szczebla. W Polsce kształt i kierunek działania euroregionom oprócz gmin wyznaczają również w dużej mierze powiaty. Występują jednak nieliczne sytuacje, w których w skład członkowski zrzeszenia wchodzi samorząd wojewódzki.[56]

Transgraniczna współpraca gospodarcza na terenach przygranicznych umożliwia realizację przedsięwzięć mających charakter makro- i mikro ekonomiczny. Ponadto podmioty gospodarcze zlokalizowane na owych obszarach mogą uczestniczyć w licznych transakcjach. Współpraca rynkowa z zagranicznymi partnerami ma udział w tworzeniu konkretnych relacji ekonomicznych, które z kolei wpływają na owe regiony pro-integracyjnie. Istnienie tych relacji sprawia, że lokalne społeczności zostają uświadomione o istocie wspólnych interesów oraz potrzebie współpracy, której efektem ma być postęp rozwoju regionalnego.[57]

Celem euroregionów związanym bezpośrednio z rozwojem lokalnym jest promowanie kultury regionalnej, turystyki nadgranicznej, a także wzmocnienie intensywności wymiany handlowej i ożywienie rynku pracy. Działalność euroregionów skupiona jest przede wszystkim na problemach rozwoju regionalnego i planowania przestrzennego. Zakresem swoich działań obejmuje również rozwój infrastruktury technicznej, współpracy w dziedzinie ochrony środowiska , turystyki transgranicznej oraz w sferze społecznej.

Ważną cechą charakteryzującą każdy euroregion jest to, iż ich główne zadanie polega na reprezentowaniu interesów lokalnych społeczności zamieszkujących obszary nadgraniczne. To z kolei sprawia, iż najistotniejszą ich rolą jest budowanie sieci powiązań z międzynarodowymi i krajowymi podmiotami odpowiedzialnymi za koordynację współpracy transgranicznej. Duże znaczenie dla rozwoju kontaktów transgranicznych ma zmiana funkcji granic. W Unii Europejskiej granice mają charakter bardziej administracyjny i przestały szczelnie odgradzać sąsiadujące ze sobą państwa. Zmiana ta ma wyraźny wpływ na intensywność współpracy. Istotne znaczenie w tej kwestii ma modernizacja i rozbudowa infrastruktury komunikacyjnej, a także likwidowanie przeszkód w przepływie osób, towarów oraz usług. Możliwość swobodnego przemieszczania się ma niebagatelne znaczenie nie tylko

[56] M. Stefański (red.), *Pozycja i funkcjonowanie samorządu terytorialnego, wybrane zagadnienia ekonomiczne i prawne*, Wyższa Szkoła Humanistyczno-Ekonomiczna we Włocławku, Włocławek 2004, s. 138-139.
[57] K. Kociubiński, *Samorząd terytorilany w Europie i Polsce (wybrane aspekty)*, Adam Marszałek, Toruń 2008, s. 114.

z powodów społecznych, ale również politycznych i gospodarczych. Wspiera zacieranie historycznych podziałów i stanowi nieodzowną część relacji pomiędzy państwami a także jest czynnikiem rozwoju gospodarczego terenów pogranicza.

Podsumowując rolę euroregionów w rozwoju lokalnym, można wymienić główne zadania, jakie przyświecają tej instytucji. Jest to:

a) rozwój gospodarki, handlu i turystyki
b) rozwój infrastruktury
c) dzielenie się doświadczeniami i informacjami
d) wspomaganie rozwoju regionalnego
e) ochrona i poprawa stanu środowiska naturalnego
f) usprawnienie ruchu granicznego
g) współpraca w zakresie planowania przestrzennego[58]

Powyższe zadania oddają istotę instytucji euroregionu, który to wpływa na rozwój danych regionów, w tym oczywiście gmin. Działania te mają przyczynić się do rozwoju gospodarczego oraz społecznego z poszanowaniem a zarazem wykorzystaniem środowiska naturalnego. To sprawia, iż różnice rozwoju różnych regionów są minimalizowane, a poziom życia mieszkańców znacznie się poprawia.

4.5. Współpraca gmin i organizacji pozarządowych w aspekcie gospodarczym.

Zadania jakie do zrealizowania w teraźniejszych warunkach ustroju społeczno-gospodarczego ma sektor organizacji pozarządowych są ściśle związane z zasadą pomocniczości, która widnieje w preambule Konstytucji RP. Mówi ona o tym, że państwo jest odpowiedzialne tylko za te zadania, których nie mogą zrealizować obywatele i ich wspólnoty.[59] Zapis ten daje podstawy do przekazania władzy wspólnotą samorządowym, oraz umożliwienie realizacji zadań publicznych samoorganizującym się obywatelom.

Źródłem prawa regulującym obowiązek współpracy organizacji pozarządowych z administracją publiczną, w tym oczywiście z samorządem gminnym, jest Ustawa o

---

[58] W. Malendowski, M. Ratajczak, *Euroregiony- pierwszy krok do integracji europejskiej,* Alta 2, Wrocław 1998, s. 8.
[59] J. Blicharz, *Udział polskich organizacji pozarządowych w wykonywaniu zadań administracji publicznych,* Wrocław 2005, s. 9.

działalności pożytku publicznego i wolontariacie.[60] Zasadami, które przyświecać mają wspomnianej współpracy są:

a) zasada pomocniczości
b) zasada suwerenności
c) zasada partnerstwa
d) zasada efektywności
e) zasada uczciwej konkurencji i jawności

Wymienione wyżej zasady ukazują w sposób ogólny role, jaką do spełnienia ma działalność na rzecz współpracy gmin z organizacjami pozarządowymi. Mając ciągle na uwadze organizacje pozarządowe wydaje się, ze największe znaczenie w aspekcie rozwoju lokalnego ma ich wpływ na gospodarkę rynkową. Jak się okazuje organizacje te stanowią ważny podmiot w prosperowaniu gospodarki rynkowej pełniąc rolę dostawcy określonych towarów i usług .

Badania przeprowadzone w 2004 roku przez Stowarzyszenie Klon/Jawor wykazują, iż 16 % badanych fundacji i stowarzyszeń trudniło się działalnością gospodarczą, a uzyskane z niej dochody stanowiły największą część ze wszystkich źródeł finansowania tego sektora i ponadto stanowiły 20,7 % ogólnej sumy przychodów całego sektora gospodarczego. Do najważniejszych form prowadzenia działalności gospodarczej przez organizacje pozarządowe, zalicza się:

a) działalność szkoleniowa
b) działalność handlowo-usługowa
c) organizacja i obsługa imprez
d) działalność wydawnicza i wynajem lub dzierżawa pomieszczeń.[61]

Warto zaznaczyć, że najwięcej organizacji pozarządowych zajmuje się działalnością szkoleniową (43 %) i handlowo-usługową (40 %).

W zakres działań bezpośrednich wykonywanych poprzez organizacje pozarządowe możemy zaliczyć realizację zadań publicznych w formie zaspokajania wspólnych potrzeb

---

[60] Ustawa z dnia 24 kwietnia 2003 r. o działalności pożytku publicznego i o wolontariacie (Dz.U.2003 Nr. 96, poz. 873)

[61] J. Marszałek-Kawa, A. Lutrzykowskiego, *Samorząd terytorialny w Polsce i w Europie (doświadczenia i nowe wyzwania)*, Toruń 2008, s. 123.

mieszkańców, tworzenia nowych miejsc pracy, pozyskiwania towarów i usług oraz uzyskiwania dochodów. Istotne jest to, iż efektywność działań bezpośrednich związanych ze wspieraniem rozwoju gospodarczego jest bardzo mocno związana z ogólnym poziomem kierowania organizacjami i współpracy z władzami i mieszkańcami samorządów gminnych.

W zakres działań pośrednich oddziaływujących na rozwój gospodarczy gminy wchodzą przede wszystkim upodmiotowienie i zorganizowanie różnych środowisk i grup społecznych a także wytworzenie zjawiska kreatywności i samorealizacji w społeczeństwie. [62] Działania te pozytywnie wpływają na rynek pracy, a to z kolei poprawia sytuację ekonomiczną i poziom rozwoju lokalnych obszarów.

Kolejnym przykładem współpracy gmin wpływającym na ich rozwój jest partnerstwo publiczno-prywatne, które rozumiane, może być jako przedsięwzięcie o charakterze użyteczności publicznej, prowadzone przez współpracujące podmioty administracji publicznej i samorządowej a podmiotami prywatnymi w oparciu o obopólne zaangażowanie instytucjonalne i kapitałowe, a także o solidarny podział profitów i ryzyka z tego wynikających.[63]

Istotą tej współpracy polega na tym, iż podmiot publiczny jest obowiązany do świadczenia usług o charakterze publicznym, do czego zobowiązuje go prawo, zaś partner prywatny ma na celu realizację działalności gospodarczej i osiągania zysków. Można również stwierdzić, iż partnerstwo publiczno-prywatne w pewnym sensie zastępuje zjawisko prywatyzacji, a tym nie pozbawia władzy samorządu terytorialnego obowiązku realizacji usług o właściwościach publicznych. Prywatyzacji ulega tylko działalność gospodarcza, którą stanowią:

a) budowa
b) finansowanie
c) eksploatacja
d) zarządzanie przedsięwzięciem inwestycyjnym[64]

---

[62] A. Piekara, *Samorząd Terytorialny i inne formy aktywności społecznej dawniej i dzisiaj*, Warszawa 2003, s. 15.
[63] A. Jackiewicz, A. Olechno, K. Prokop, *Samorząd Terytorialny*, Collegium Mazowia – Innowacyjna Szkoła Wyższa, Siedlce 2010, s. 122.
[64] *Ibidem*, s. 122.

Warto zaznaczyć, iż odpowiedzialność władz publicznych w dalszym ciągu obejmuje dostępność usług, a także ich jakość. Tak więc istotą partnerstwa publiczno-prywatnego jest fuzja działań władzy publicznej i prywatnego kapitału, w celu wykonywania zadań, które wchodziły wcześniej w zakres obowiązków wyłącznie władzy publicznej.

W kontekście rozwoju gmin, można zauważyć duży wpływ partnerstwa publiczno-prywatnego. Poszerza ono możliwości samorządu w sektorze inwestycyjnym i choć niesie za sobą zagrożenia, to jednak korzyści wydaje się być znacznie więcej.

Główne korzyści wynikające z partnerstwa publiczno-prywatnego:

a) poszerzenie możliwości finansowania inwestycji publicznych
b) zwiększenie efektywności eksploatacji
c) aktywizacja i rozwój sektora prywatnego
d) rozwój nowoczesnej technologii
e) zmniejszenie wydatków w budżecie
f) gwarancja dostaw usług w długim czasie[65]

Przytoczone korzyści dotyczą w głównej mierze poszerzenia możliwości, jakimi wcześniej ograniczone były m. in. gminy. Możliwość współpracy z podmiotami prywatnymi zwalnia samorządy z obowiązku samodzielnego pozyskiwania środków rzeczowych (np. maszyny budowlane), a co za tym idzie ponoszenia dużych strat finansowych. W te środki zaś wyposażone są już podmioty prywatne i za ich pomocą gminy mogą realizować szeroki zakres obowiązków przypisanych władzy samorządowej. Wszystko to ma prowadzić do intensywniejszego postępu ekonomicznego i gospodarczego obszarów lokalnych, a przez to wspomagać szeroko pojmowany proces zrównoważonego rozwoju gmin.

[65] K. Brzozowska, *Partnerstwo publiczno-prywatne,* Warszawa 2006, s. 32-34.

Wnioski końcowe

Zrównoważony rozwój gmin okazuje się być procesem bardzo złożonym. Jest to spowodowane analogiami, które występują pomiędzy zarządzaniem jednostką samorządu terytorialnego a innym podmiotem gospodarczym. Zarówno pierwsza, jak i druga organizacja musi swoje działania opierać na mocnych finansowych fundamentach. Jest to niezbędne, aby osiągać stopniowy postęp. Natomiast nieprzemyślane działania mogą nie tylko spowolnić proces rozwoju, ale co gorsza doprowadzić nawet do bankructwa.

Okazuje się, że na proces zrównoważonego rozwoju oddziałuje wiele różnych czynników. Wydaję się, że największy wpływ ma położenie gminy oraz jej środowiskowe walory. Oznacza to, że często samorządy bogate znajdują się w korzystniejszej sytuacji finansowej od innych ich odpowiedników, tylko z tego powodu, że osiągają duże zyski z tytułu eksploatacji surowców przez napływających inwestorów. To w kontekście ogółu gmin w Polsce, nie jako zaburza proces zrównoważonego rozwoju, gdyż nie każda jednostka samorządu terytorialnego ma możliwość osiągania dochodów na poziomie pozwalającym na realizację kolejnych inwestycji.

W pracy zostały również przeanalizowane czynniki społeczno-ekonomiczne, mające istotne znaczenie dla kierunku rozwojowego przybranego przez samorządy gminne. Jednym z takowych czynników jest wzrost aktywności i upowszechniania przedsiębiorczości. Jest to zarazem dowód potwierdzający tezę, iż między funkcjonowaniem gminy a przedsiębiorstwem jest wiele analogii.

Ponadto zastosowano kilka porównań gmin, których profile znacząco się od siebie różnią. W jednym zestawieniu przedstawiona jest gmina wiejska oraz miejska, co pozwala na przeanalizowanie możliwości i potencjału, jaki w obu tych jednostkach samorządu terytorialnego występuje. Daje, to również możliwość dostrzeżenia sporej przewagi gmin miejskich w kontekście rozwoju lokalnego. Składa się na to wiele czynników. Jednym z takich są atrakcyjniejsze tereny inwestycyjne oraz zaawansowana infrastruktura drogowa, dające możliwość szybszej wymiany towarów oraz świadczenia usług. Przyczyną tej różnicy, jest fakt, iż przeważnie to gminy miejskie mają bardziej ułatwione zadanie w kontekście równomiernego rozwoju na różnych płaszczyznach.

Kolejne zestawienie gmin miało na celu sprawdzenie, jaki wpływ na rozwój lokalny ma wysokość podatków i czy za pomocą tej daniny publicznej można w ogóle ten proces przyśpieszyć. Przykład gminy Bychawa oraz Krynica Morska, które są zarazem dobrze rozwiniętymi samorządami, pokazuje że gminy chcąc stawiać na rozwój nie mogą liczyć, iż podniesienie wysokości tej obowiązkowej daniny publicznej spowoduje jakikolwiek postęp gospodarczy. Jak się okazało we wspomnianych samorządach wysokość podatków nie jest wygórowana i często jest niższa niż w innych gminach, a mimo to budżet Bychawy i Krynicy Morskiej jest zasilany znaczącymi środkami. Spowodowane jest to tym, iż oba miasta mają profil turystyczny, a co za tym idzie, mocno rozwinięty sektor usług. Tak więc większy wpływ na prosperowanie i rozwój gminy mają jej warunki środowiskowe oraz położenie i efektowne jego wykorzystanie, niż nagłe podnoszenie wysokości podatków oraz opłat.

Jedną z tez przedstawioną w tej pracy, był również wpływ wielkości obszaru gminy, na jej rozwój a co za tym idzie, sprawdzenie czy znacząca różnica w wielkości obszaru dwóch gmin miejskich oddziałuje na ich postęp gospodarczy. Warto zaznaczyć, iż zestawienie to ma zupełnie inny cel, niż to dotyczące porównania gminy wiejskiej i miejskiej. W tym przypadku oba samorządy są gminami miejskimi. Okazuje się, iż obszar gminy Pisz jest 190 razy większy od jej odpowiednika w postaci Górowa Iławieckiego. Wydawać by się mogło, że w tej sytuacji, o wiele mniejszy samorząd nie ma szans dogonić gospodarczo swojego większego odpowiednika. W ostatecznym rozrachunku okazuję się, że Górowo Iławieckie prezentuje wysoki poziom rozwoju społeczno-gospodarczego i nie odbiega znacząco od o wiele większej gminy Pisz. Jest to dowód obalający tezę, iż duży obszar samorządu gwarantuje obfity budżet, a co za tym idzie możliwość dalszego rozwoju. Często jednak, tak jak w przypadku Górowa Iławieckiego większe znaczenie ma racjonalne eksploatowanie środowiska oraz podjęcie skomplikowanych działań opartych o zakres rzeczowo-finansowy.

Celem pracy było również przedstawienie różnorodnych strategii, dzięki którym władze gmin mogą efektowniej zarządzać publicznym mieniem, a zarazem polepszać poziom życia mieszkańców.

Kolejną tezą potwierdzoną w pracy, jest pozytywny wpływ współpracy gmin na rozwój regionalny. W związku z tym przytoczony został tu m. in. przykład euroregionów, które dają możliwość podjęcia wspólnych działań gmin polskich z gminami zagranicznymi

(np. niemieckimi). Efektem tej współpracy jest rozwój gospodarczy i społeczny wraz z poszanowaniem a zarazem wykorzystaniem środowiska naturalnego, co z kolei minimalizuje różnice w poziomie rozwoju gmin będących częścią euroregionu.

Oprócz współpracy z innymi gminami, ważne są równie działania podjęte w oparciu o organizację. W pracy wykazana została teza dotycząca pozytywnego wpływu na rozwój lokalny wspomnianych organizacji. Ich obecność sprawia, że władze samorządowe mogą powierzyć im znaczny zakres działań, przez co postęp w rozbudowie infrastruktury gospodarczej znacznie przyśpiesza, a jego dynamika przynosi jednostką samorządu terytorialnego znaczące korzyści ekonomiczne i społeczne.

Wykaz literatury

1. Adamiec M., Kożusznik B., *Zarządzanie zasobami ludzkim,* AKA-DE, Kraków 2000,
2. Bednarz M., *Rozwój gospodarczy, to mniejsze bezrobocie. Czyżby?,* http://inwestycje-gieldowe.pl/blog/rozwoj-gospodarczy-to-mniejsze-bezrobocie-czyzby/
3. Bieniecki J., B. Szczupak, *Strategie rozwoju lokalnego,* [w:] *Zarządzanie strategiczne rozwojem lokalnym i regionalnym,* A. Klasik, F. Kuźik (red.), Katowice 2001,
4. Blicharz J., *Udział polskich organizacji pozarządowych w wykonywaniu zadań administracji publicznych,* Wrocław 2005,
5. Borodo A. (red.), *Aktualne problemy rozwoju gospodarczego gmin i powiatów,* Wyższa Szkoła Humanistyczno-Ekonomiczna we Włocławku, Włocławek 2006
6. Borodo A., *Dochody jednostek samorządu terytorialnego w świetle ustawy z 13 XI 2003 r.,* Dom organizatora, Toruń 2004,
7. Borodo A., *Samorząd terytorialny, system prawnofinansowy,* Wydawnictwo prawnicze LexisNexis, Warszawa 2004,
8. Borodo A., *System finansowy samorządu terytorialnego w Polsce,* Toruń 2011
9. Brzozowska K., *Partnerstwo publiczno-prywatne,* Multi-Press,Warszawa 2006,
10. Czerw J., Krześnicki I., *Działalność uchwałodawcza rady gminy,* Warszawa 2005,
11. Dylweski M., Filipiak B, Gorzałczyńska-Koczkodaj B., *Finanse Samorządowe – narzędzia, decyzje, procesy,* Wydawnictwo Naukowe PWN, Warszawa 2006,
12. Dziurbejko T., *Planowanie rozwoju gminy, jako instrument pozyskiwania funduszy pomocowych w Unii Europejskiej,* Warszawa 2006,
13. Głuchowski J., *Polskie prawo podatkowe,* Wydawnictwo naukowe PWN, Warszawa 1994,
14. Gordon G.L., *Strategiczny plan dla gminy- jak osiągnąć sukces,* Agencja rozwoju komunalnego, Warszawa 1998,
15. Hermaszewski J., *Wpływ inwestycji na rozwój gminy – doświadczenia Polkowic,* Państwowa Wyższa Szkoła Zawodowa w Głogowie, Głogów 2005,
16. Izdebski H., *Samorząd terytorialny. Podstawy ustroju i działalności,* Warszawa 2006,
17. Jackiewicz A., Olechno A., Prokop K., *Samorząd Terytorialny,* Collegium Mazowia – Innowacyjna Szkoła Wyższa, Siedlce 2010,
18. Jędrzejewski L., *Gospodarka finansowa samorządu terytorialnego w Polsce,* Oficyna wydawnicza Branta, Bydgoszcz-Gdańsk 2007,
19. Jóskowiak K., *Współpraca transgraniczna i międzynarodowa Polski u progu członkostwa w Unii Europejskiej,* „Samorząd'' 2003,
20. Kępka W., *Subwencja w 2013 roku,* http://iskb.infor.pl/gospodarka-samorzad/wiadomosci/138582,Subwencja-w-2013-roku.html
21. Klimek M., *Zrównoważony rozwój lokalny,* Białystok 2010,
22. Kociubiński K., *Samorząd terytorilany w Europie i Polsce (wybrane aspekty),* Adam Marszałek, Toruń 2008,

23. Korolewska M., *Część równoważąca subwencji ogólne ,* http://www.sejm.gov.pl/sejm7.nsf/BASLeksykon.xsp?id=568A6423E1527F68C1257A80003392C2
24. Kosikowski C. (red.), *Finanse samorządowe 2006,* Dom Wydawniczy ABC, Warszawa 2006,
25. Kuciński K. (red.), *Przedsiębiorczość a rozwój regionalny w Polsce'',* Difin, Warszawa 2010, s.
26. Malendowski W., Ratajczak M., *Euroregiony- pierwszy krok do integracji europejskiej,* Alta 2, Wrocław 1998,
27. Markowski T., Stawasz D. (red.), *Ekonomiczne i środowiskowe aspekty zarządzania rozwojem miast i regionów,* Wydawnictwo Uniwersytetu Łódzkiego, Łódź 2001,
28. Marszałek-Kawa J., Lutrzykowskiego A., *Samorząd terytorialny w Polsce i w Europie (doświadczenia i nowe wyzwania),* Toruń 2008,
29. Miszczuk A., Miszczuk ., Żuk K., *Gospodarka samorządu terytorialnego,* Wydawnictwo naukowe PWN, Warszawa 2007,
30. Niewiadomski Z. [w:] Kallas M., I. Lipowicz, Z. Niewiadomski, G. Szpor, *Prawo administracyjne. Część ustrojowa,* Warszawa 2002,
31. Ofiarkowski Z., *Subwencje i dotacje jednostek samorządu terytorialnego,* Difin, Warszawa 2002,
32. Piekara A., *Samorząd Terytorialny i inne formy aktywności społecznej dawniej i dzisiaj,* Warszawa 2003,
33. Radecki W., *Instrumenty prawne ochrony przed odpadami według nowej ustawy*, w: „Problemy Ekologii'' 1997, nr 6; cyt. Za: B. Piontek, *Koncepcja rozwoju zrównoważonego i trwałego Polski, PWN, Warszawa 2002,*
34. Stacharska-Targosz J., Szostak J. (red.*), Finansowanie rozwoju regionalnego*, Wydawnictwo Wyższej Szkoły Bankowej w Poznaniu, Poznań 2007,
35. Stefański M. (red.), *Pozycja i funkcjonowanie samorządu terytorialnego, wybrane zagadnienia ekonomiczne i prawne,* Wyższa Szkoła Humanistyczno-Ekonomiczna we Włocławku, Włocławek 2004,
36. Ziółkowski M., *Proces formułowania strategii rozwoju gminy'',* IPIS, Warszawa 2000,

Wykaz źródeł prawa

1. Ustawa z dnia 8 marca 1990 roku o samorządzie gminnym (Dz.U. 1990 nr 16 poz. 95)
2. Ustawa z dnia 20 czerwca 2002 r. o bezpośrednim wyborze wójta, burmistrza i prezydenta miasta (Dz. U. 2002 nr 113 poz. 984)
3. Ustawa z dnia 13 listopada 2003 r. o dochodach samorządu terytorialnego (Dz.U. 2003 nr 203, poz. 1996)
4. Ustawa z dnia 30 czerwca 2005 r. o finansach publicznych, (Dz. U. Nr 249, poz. 2104 z późn. zm.)
5. Rozporządzenie Rady Ministrów z dnia 15 grudnia 1998 r. w sprawie szczegółowych zasad prowadzenia, stosowania i udostępniania krajowego rejestru urzędowego podziału terytorialnego kraju oraz związanych z tym obowiązków organów administracji rządowej i jednostek samorządu terytorialnego (Dz. U. 1998 nr 157 poz.1031)

Wykaz źródeł internetowych

1. M.T., *Ranking najbiedniejszych samorządów*, http://samorzady.pb.pl/3222597,22020,ranking-najbiedniejszych-samorzadow l/wstepdofunduszyeuropejskich/strony/celepolitykispojnosci.aspx
2. http://www.rp.pl/artykul/370362,370368_Pomysl_na_sprowadzenie_przedsiebiorstw_do_gminy.html, 30.09.2009 r.
3. Ministerstwo Administracji i Cyfryzacji, *Ocena sytuacji samorządów lokalnych*, https://mac.gov.pl/wp-content/uploads/2011/12/Ocena-sytuacji-samorządów-lokalnych.pdf, s.3.
4. Ministerstwo Administracji i Cyfryzacji, *Ocena sytuacji samorządów lokalnych*, https://mac.gov.pl/wp-content/uploads/2011/12/Ocena-sytuacji-samorządów-lokalnych.pdf, s.15.
5. *Cele polityki spójności*, http://www.funduszeeuropejskie.gov.p
6. http://www.seoteka.pl/a235.php/8, 17.03.2014 r.
7. http://www.wspolnota.org.pl/uploads/media/Ranking_zamoznosci_samorzadow_2012_-_miasta.pdf
8. http://edziennik.gdansk.uw.gov.pl/WDU_G/2011/177/4205/Akt.pdf oraz http://www.bychawa.bip.lublin.pl/upload/pliki/0XI_78_2011.pdf
9. http://www.stat.gov.pl/gus/5840_6340_PLK_HTML.htm
10. http://www.mapofpoland.pl/Pisz,opis.html, 26.03.2014 r.
11. http://www.samorzad.lex.pl/czytaj/-/artykul/mazowieckie-zaciagnelo-kredyt-na-janosikowe-i-uniknelo-bankructwa

FSC
www.fsc.org
MIX
Papier | Fördert gute Waldnutzung
FSC® C083411

Kolibri 360 GmbH
Ferdinand-Jühlke-Straße 7
99095 Erfurt, Deutschland
produktsicherheit@kolibri360.de

Druck:
CPI Druckdienstleistungen GmbH
im Auftrag der
Kolibri 360 GmbH
Ferdinand-Jühlke-Str. 7
99095 Erfurt

Marie-Claire Gérardin

Transes-formation

Marie-Claire Gérardin

Transes-formation

Des métaphores pour changer

Éditions Vie

Imprint
Any brand names and product names mentioned in this book are subject to trademark, brand or patent protection and are trademarks or registered trademarks of their respective holders. The use of brand names, product names, common names, trade names, product descriptions etc. even without a particular marking in this work is in no way to be construed to mean that such names may be regarded as unrestricted in respect of trademark and brand protection legislation and could thus be used by anyone.

Cover image: www.ingimage.com

Publisher:
Éditions Vie
is a trademark of
International Book Market Service Ltd., member of OmniScriptum Publishing Group
17 Meldrum Street, Beau Bassin 71504, Mauritius

Printed at: see last page
ISBN: 978-620-2-49591-2

PREFACE

Les métaphores peuvent influencer nos choix et nos opinions. Ces petites histoires, parfois simples images verbales, nous parlent mieux qu'un long discours. Les orateurs et les publicitaires l'ont compris depuis longtemps.

Blen avant eux, les chamanes indiens, comme les médecins de l'Antiquité avant eux, savent utiliser le pouvoir des bonnes métaphores pour aider des personnes psychiquement désorientées, en mettant en scène leur problème particulier à travers un conte. En contemplant l'histoire, le sujet devait être amené à prendre conscience à la fois de la nature de l'impasse où sa vie s'est fourvoyée et de la possibilité de trouver une solution.

Dans les contes, les processus internes de l'individu sont extériorisés et deviennent compréhensibles parce qu'ils sont représentés par les personnages et les évènements de l'histoire. Le conte, ne nous dit jamais quel est le bon choix, il convainc par l'appel qu'il lance à l'imagination, l'enchaînement séduisant des évènements et aussi par le choix des mots.

C'est à ces trois niveaux que la métaphore au sens large - englobant histoires, paraboles, contes et anecdotes - opère. Dans le cadre d'un coaching ou d'une thérapie, la métaphore permet des prises de conscience, un élargissement des points de vue en contournant les résistances habituelles que suscite un conseil direct.

Le sens premier, « l'histoire » est celui décrypté consciemment. A ce niveau, l'histoire offre déjà des graines de solution au problème qui préoccupe l'auditeur ou le lecteur.

Le sens second, souvent inaperçu consciemment, entre en résonnance avec le vécu de l'auditeur, il déclenche alors une véritable prise de conscience, l'histoire lui parle. L'auditeur s'identifie aux protagonistes de l'histoire et peut transposer à sa situation les solutions trouvées par les protagonistes.

Enfin, les métaphores thérapeutiques contiennent un troisième niveau qui n'est perceptible que par l'inconscient, il s'agit d'un message caché destiné à amener l'inconscient à modifier certains comportements. C'est un outil majeur de l'hypose ericksonienne. Ce sens caché apparaît dans les textes de cet ouvrage en italique.

Tous les contes et métaphores de ce livre ont été créés pour les besoins de ma pratique de coach et de thérapeute. A l'origine improvisées en séance, ces histoires ont ensuite été rédigées et remises en forme pour en permettre la lecture.

Le petit brin de raphia

Il était abandonné, dans un coin de l'atelier, trop court, trop vieux, trop sale pour être utilisé. Pourtant un jour, le vannier, à court de matière première, devait terminer son ouvrage avant le soir. Il était trop tard pour aller acheter du raphia neuf. Alors il fureta dans l'atelier, récupérant jusqu'au petit brin, court, vieux et sale grâce auquel il put ainsi achever sa natte...

Les animaux et la fortune

Le Lapin se mit à la recherche de la Fortune. Il avait à se plaindre : il n'était ni fort comme le lion, ni rapide comme la gazelle, ni craint comme le crocodile, ni élégant comme le paon, ni puissant comme l'éléphant. Il décida donc d'aller trouver la Fortune, pour lui demander de changer, mais où la trouver?

« Peut-être l'Inquiétude pourrait me renseigner? » se dit-il, et le voilà en chemin vers le logis de l'Inquiétude (elle, il savait où la trouver) ! Il frappa à la porte. C'est la Peur, sœur de l'inquiétude, qui lui répondit. Très intimidé, le lapin demanda d'une voix mal assurée « si, par hasard, sans vouloir vous déranger... vous ne sauriez pas où loge la Fortune? »

La Peur consulta sa sœur l'Inquiétude, celle-ci ne savait pas où vivait la Fortune, mais ajouta-t-elle, « il arrive que la Fortune, très obligeante, me conduise dans son char au domicile de la Richesse. Sans doute pourra-t-elle te renseigner ». Et le Lapin, fort des indications de l'Inquiétude, se mit en route vers le domicile de la Richesse.

Chemin faisant il rencontra le Lion. Hélas trop tard pour se cacher! Mais le Lion semblait très abattu, pas d'humeur à chasser. Et c'est très poliment qu'il aborda le Lapin.

« Où vas-tu ?

-Je cherche la Fortune, et toi, tu me sembles bien triste? »

Le Lion poussa un énorme soupir : « Les chasseurs viennent de tuer tous mes lionceaux et ma femelle qui ne leur avaient rien fait pour en faire des trophées! Peut-on être plus malheureux? Moi aussi je suis à la recherche de la Fortune pour me plaindre de mon sort. Faisons route ensemble! »

Après tout se dit le Lapin, la force ne fait pas le bonheur.

Arrivés à la porte de la Richesse, le Lion rugit avec assurance. L'Arrogance, maître d'hôtel, répondit à son appel.

« Que voulez vous? Ma maîtresse est en train de dîner avec la Gourmandise et l'Envie, elle ne veut pas être dérangée .

- Nous ne voulons pas déranger, dit le Lapin, juste savoir où loge la Fortune.

- La Fortune ? Parlons en! » rétorqua l'Arrogance, « elle passe ici souvent et chaque fois y dépose des visiteurs indésirables, tantôt l'Inquiétude, tantôt le Vol, parfois la Maladie et même l'Avarice! Elle doit être chez la Gloire probablement, c'est dans la rue à côté, allez donc voir! » Et l'Arrogance leur claqua la porte au nez.

Alors que le Lapin et le Lion se dirigeaient vers le palais de la Gloire, lla Gazelle s'approcha d'eux :

« Je vous ai entendu demander l'adresse de la Fortune, je la cherche moi aussi, puis-je me joindre à vous?

- Pourquoi cherche tu la Fortune? » demanda le Lapin.

« Parce que je suis lasse de toujours fuir les prédateurs et finir par être le plat du jour des lions et des guépards! »

Après tout se dit le Lapin, la rapidité ne fait pas le bonheur.

Nos trois compères arrivèrent devant le palais de la Gloire, ils ne pouvaient pas le manquer : rien de plus doré, de plus riche, de plus voyant. C'est la Vanité, gouvernante de la Gloire, qui ouvrit la porte :

« Que voulez-vous?

- Un renseignement, dit le Lion, connaître le logis de la Fortune, nous voulons lui parler.

- Elle le loge pas ici, répondit la Vanité, quoique elle aime cette demeure par dessus toutes les autres, car vous en conviendrez, il n'y a rien de plus beau! Un peu pique-assiette, si vous voyez ce que je veux dire... Ma maîtresse la Gloire, lui en a fait la remarque, et la Fortune s'est froissée, elle est allée chez le Courage, qui vit au sommet de cette montagne derrière vous . »

Les trois compères se remirent en chemin et après une rude montée, arrivèrent devant la maison du Courage. Mais le Courage ne sut pas leur dire où logeait la fortune.

- Nous voilà bien avancés ! dit le Lion. Que faire à présent ? »

Pendant qu'ils étaient là à décider quel parti prendre, le Paon passa devant eux en faisant la roue. « Que se passe-t-il ici? » questionna-t-il

« Nous cherchons le domicile de la Fortune, mais apparemment personne ne peut nous renseigner » répondit le Lion.

« Cherchons le ensemble dit le Paon, j'aurais moi aussi bien besoin de changer mon sort.

- Tu es magnifique dit le Lapin, comme j'aimerais être aussi élégant !

- Hé bien ! On voit bien que ce n'est pas toi qui traine cette queue sans fin à longueur de journée. Quel poids ! Et quelle gêne, je ne peux même pas voler pour échapper au danger ! »

Après tout se dit le Lapin, la beauté ne fait pas le bonheur.

le Crocodile, attiré par la perspective d'un bon repas, s'approcha du petit groupe. Lui aussi cherchait la Fortune pour se plaindre de ses dons.

« Qu'as-tu à faire avec la Fortune? » s'exclama le Lapin.

Le Crocodile découvrit ses dents dans une tentative de sourire. « Regarde moi ! Je suis hideux, je fais peur à tout le monde, seule ma peau intéresse les hommes pour en faire des ceintures et des sacs à main! Personne ne m'aime, jamais un mot gentil, un peu de compassion. Et pourtant moi aussi j'ai mes peines, tout comme l'Eléphant, que les braconniers déciment pour prendre son ivoire ».

Après tout se dit le Lapin, être craint ne fait pas le bonheur.

Tout ce petit monde arriva devant l'humble demeure de la Sagesse. L'Eléphant s'y trouvait déjà. La Sérénité en sortait et les renseigna très aimablement :

« La Fortune ? Elle n'habite pas ici, en fait, elle n'a pas de maison, ce n'est qu'une vieille dame aveugle qui erre à l'aventure. Mais la Sagesse l'accueille chaque fois qu'elle la rencontre et prend soin d'elle. La Fortune lui en est très reconnaissante, car c'est le seul endroit où elle sait qu'on ne se plaindra pas d'elle : elle s'y repose en compagnie des Grâces, de l'Amitié et de la Connaissance ».

Au moment où la Sérénité achevait de parler, la Fortune arriva sur son char. « J'ai entendu dire que vous vouliez me parler? Qu'attendez vous de moi ?

-En fait, ce n'est pas très important » dit le lapin. Et il détala.

Le Lion et la Gazelle s'esquivèrent discrètement sans répondre, le Paon s'absorba dans le déploiement de sa queue et le Crocodile fit semblant d'être endormi. Alors l'Eléphant prit la parole : « J'étais venu saluer la Sagesse pour la remercier de ses présents. En ce qui me concerne je n'ai rien à vous demander. Je vous souhaite le bonjour »

Histoire des deux sœurs et de l'orange

Deux jeunes filles se disputaient un orange. La mère intervint et la coupa en deux donnant une moitié à chacune.

La première pressa la moitié d'orange, jeta la peau et but le jus. La seconde pela le zeste, le fit confire pour le mettre dans un gâteau et jeta la pulpe.

C'est arrivé une nuit...

Shariar était un chat persan. Rien n'était trop beau pour lui, vainqueur de concours de beauté féline : nourriture délicate, panier confortable, institut de beauté et collier anti-puces, naturellement. Ha! Le collier anti-puces, le symbole de son esclavage. Fuir, redevenir un chasseur, connaître l'aventure, Shariar en rêvait.

Un soir, il décida de passer à l'action. Sauter par-dessus la grille de la villa de ses maîtres ne fut pas une mince affaire, jamais jusqu'alors il n'avait pratiqué l'escalade. Malgré le vertige, sa détermination fut la plus forte.

Il faisait nuit, et dans le ciel brillaient des millions d'étoiles. L'une d'elle se lamentait :

Je suis une étoile, ne me voyez vous pas? J'appartiens à une lointaine galaxie, vos astronomes m'ont beaucoup étudiée, ou plutôt ils s'intéressent aux planètes qui gravitent autour de moi. Aux planètes! Je vous demande un peu quel intérêt cela présente! Des corps froids, ternes, de vulgaires cailloux. Tandis que je brille d'un éclat incomparable. Etoile naine dont on ne peut distinguer l'éclat disent vos scientifiques. Naine, vraiment ! Hé bien nous verrons bien ! »

Tandis que l'étoile monologuait ainsi, sur terre la nuit était mouvementée : l'ennemi public numéro 1 s'était échappé de prison et toutes les voitures de police quadrillaient la ville pour le retrouver. Dans une de ces voitures, un sergent rêvait de pouvoir dormir, enfin, après 5 heures de patrouille inutile, sans dîner digne de ce nom. « Pourquoi donc ai-je décidé de m'engager dans la police ? Il y avait tant d'autres métiers qui m'auraient permis de rentrer chez moi tous les soirs à 6 heures et de passer les soirées confortablement devant la télévision ! »

Sur le même trottoir, Shariar avait fait la rencontre d'un chat de gouttière, Miaw. Ce dernier paraissait si heureux, si plein de vie, que Shariar ne douta pas un moment d'avoir fait le bon choix. Miaw lui vanta les charmes de la vie libre, mais tout de même, il avait du mal à comprendre qu'on puisse si facilement renoncer à une vie de luxe et de confort. « Tu étais peinard, mon gars, qu'est-ce qui t'a pris? D'accord la vie de bohême c'est super, mais tout le monde n'est pas fait pour ça. Peu importe, viens avec moi, tu te feras une idée ».

A peine avaient ils fini de faire connaissance qu'un violent orage éclata. En quelques minutes tout fut noyé, les caniveaux débordaient, les arbres dégoulinaient et Shariar dont le poil retenait l'eau comme une éponge, commença à regretter son panier au coin de la cheminée...

La pluie ! Toutes les étoiles et jusqu'à la lune se cachèrent derrière de gros nuages. Cela ne découragea pas la petite étoile qui, sans vouloir rivaliser avec Sirius (elle était réaliste !) décida de faire un énorme effort pour briller avec plus d'éclat, dans l'espoir que, peut être, les astronomes la remarqueraient enfin et consentiraient à l'étudier.

Face au déchaînement des éléments, les véhicules de police reçurent l'ordre de s'arrêter tout en restant stationnés où ils se trouvaient. La pluie s'arrêta, trois heures s'écoulèrent, mornes, calmes et le sergent de police était de plus en plus insatisfait de cette immobilité. Tout à coup, on signala la présence de l'ennemi public numéro 1 à proximité, en quelques secondes tout se précipita : les véhicules de police démarrèrent en trombe toute sirènes hurlantes, une course poursuite s'engagea et des coups de feu furent tirés. Le sergent, blessé à la main parvint à arrêter le redoutable malfrat. « Après tout, la vie d'un policier n'est pas toujours drôle mais nous sommes les gardiens de la sécurité des braves gens ! » conclut-il avec fierté. Sans doute même, serait-il décoré pour sa bravoure.

Pendant l'orage, Miaw, n'avait pas perdu son temps et s'était offert un festin de souris, délogées de leurs trous par l'inondation.

« Ok mon pote, t'es tout mouillé, moi aussi, allons trouver une planque pour nous sécher

- J'aimerais mieux manger ; la pâtée de canard d'hier soir est déjà loin » murmura Shariar

« Bon, t'aurais dû courser quelques souris, mais ça ne fait rien, allons vers le marché, il ne va pas tarder à ouvrir et on n'y meurt jamais de faim ».

Mais le marché était le territoire d'une bande de chats errants qui n'entendaient partager ni leur abri ni leur nourriture. La bagarre fut terrible et Shariar y laissa des touffes de poil et un bout d'oreille, avant de battre en retraite, le ventre vide. Miaw qui s'était éclipsé pendant la bagarre et avait passé agréablement son temps avec une petite chatte le rejoignit devant une vieille porte cochère où Shariar s'était réfugié, tremblant de froid, de faim et de peur.

« On voit que tu n'as pas l'habitude, mon gars » commenta Miaw, « tu vois il faut être REACTIF, ne jamais laisser passer une occase! Au lieu de boxer ces matous pelés, tu aurais mieux fait de faire comme moi, saisir ta chance! Tu piges? »

Tout ce que Shariar « pigeait » c'est qu'il regrettait amèrement la maison de ses maîtres; la queue basse et l'oreille en berne, il reprit le chemin de SA maison, le changement de vie il continuerait à en rêver...

Dans le ciel, l'étoile naine arrivait au terme de sa vie : elle avait épuisé en quelques instants toute son énergie et finit par exploser, lançant brièvement une bouffée de radiations, que seuls les capteurs les plus puissants enregistrèrent. Cette nuit là, les astronomes terriens décidèrent de chercher un autre système planétaire qui pourrait accueillir la vie.

Les bougies

Quatre bougies brûlaient lentement. Il régnait un tel silence que l'on pouvait entendre leur conversation.

La première dit : « Je suis la Paix ! Cependant, personne n'arrive à me maintenir allumée. Je crois bien que je vais m'éteindre." Sa flamme vacilla peu à peu, et disparut.

La seconde dit : « Je suis la Foi ! Mais dorénavant, le monde pense que je ne suis plus indispensable. Ça n'a pas de sens que je reste allumée plus longtemps ! » Et sitôt qu'elle eut fini de parler, une brise légère souffla sur elle et l'éteignit.

La troisième bougie à son tour murmura : « Je suis l'Amour ! Mais je n'ai plus de force pour rester allumée ; les gens me laissent de côté et ne comprennent pas mon importance. Ils oublient même d'aimer ceux qui sont proches d'eux. Alors à quoi bon bruler plus longtemps. » Et sans un bruit, elle s'effaça à son tour.

Alors entra un enfant, qui vit les trois bougies éteintes.

Mais pourquoi avez-vous cessé de brûler ? Vous deviez rester allumées pour toujours ! » Et une larme glissa le long de sa joue...

Alors la quatrième bougie murmura : « N'aies pas peur. Tant que j'ai ma flamme, nous pourrons rallumer les autres bougies. Je suis l'Espérance ! »

Alors, les yeux brillants, l'enfant prit la bougie de l'Espérance et ralluma les trois autres.

La montagne

Que faire face à une montagne qui vous barre la route ?

Le rêveur prétend qu'il n'y a pas d'obstacle, se cogne, mais ne s'en aperçoit pas.

L'ingénieur creuse un tunnel pour passer au travers

L'alpiniste chausse ses crampons et escalade la montagne

Le sage fait comme son âne, il la contourne et continue son chemin....

Shéhérazade et l'enchanteur

Il y a très longtemps, à Bagdad, au temps du calife Haroun al Rachid, vivait une princesse qui s'appelait Shéhérazade. Le calife l'aimait *profondément* et chaque soir, ils se promenaient ensemble, *détendus*, dans le grand jardin du palais plein de fleurs *pour profiter* de la brise, du concert des musiciens du palais et de toutes sortes *de bonnes choses*, car ils avaient l'habitude de souper dans un petit pavillon de marbre blanc.

Ils ignoraient que chaque soir, une autre femme du calife, jalouse de Shéhérazade et qui voulait devenir à son tour la favorite du calife, était à l'*écoute* de leur conversation et cherchait le moyen d'éliminer Shéhérazade. Shéhérazade était célèbre pour sa beauté, elle avait de grands yeux noirs, de longs cheveux brillants et ...*sa/ma voix* quand elle chantait était plus mélodieuse que celle du rossignol. On comprend pourquoi cette femme la jalousait ! Un soir, alors qu'elle était parmi les invités du calife et de sa favorite, elle lui offrit une coupe dans laquelle elle avait mis un poison... Après avoir bu une gorgée du liquide, la peau de Shéhérazade se couvrit de boutons et se dessécha comme celle d'une vieille femme.

Affolée et malheureuse, Shéhérazade va voir l'astrologue-médecin du calife, un vieil homme sage et avisé, qui connait les secrets de la vie ; « Ami, peux-*tu* me donner un remède pour me guérir ? » lui demande Shéhérazade. L'astrologue se met au travail et quelques jours plus tard il appor*te* à la princesse qui ne quittait plus sa chambre, une potion pour la guérir. Après l'avoir bu, Shéhérazade se *sent beaucoup mieux*, sa peau redevient fraîche et saine mais hélas ! La potion de l'astrologue *c'était* un breuvage *magique*. Depuis ce jour, elle doit prendre tous les jours, plusieurs fois, un bain de lait et de miel *pour* garder une belle peau saine et fraîche. Elle aimerait bien *trouver d'autres façons de vivre*... Et cela dure, et *plus* cela dure, et moins c'est *agréable*... si bien qu'un jour, le calife décide d'offrir un trésor à celui qui trouvera le remède capable de guérir Shéhérazade.

L'astrologue médecin se sent un peu responsable de ce qui arrive à la princesse et *cherche* plus que tous les autres à *la cause* de ce maléfice. Il consulte tous ses livres, des vieux grimoires *pour* découvrir le moyen qui permettra à la princesse de *pouvoir changer et* de *retrouver la liberté*. Pour cela, il doit interroger la reine des abeilles.

Pendant ce temps, Shéhérazade est si malheureuse qu'elle se prend à détester les vaches et les abeilles ; elle les rend responsables de son mauvais sort. C'est de leur faute si elle est obligée chaque jour de passer de longues heures dans un bain ! Et elle demande au calife de faire mettre à mort toutes les vaches et toutes les abeilles du royaume. Heureusement, l'astrologue *trouve* les mots pour convaincre la princesse *et garde* ces braves animaux ; car sans lait et sans miel comment ferait-on *les bonnes choses* comme, par exemple les délicieuses pâtisseries que la favorite aime tant ? Finalement, Shéhérazade se calme et reconnaît que ces animaux sont *vraiment utiles,* et supplie l'astrologue de trouver, très vite, un remède.

L'astrologue qui connait le langage des animaux, *appelle la petite* reine des abeilles, pleine de ressources, qui *parti* - cipe à tous les secrets de la nature et *qui peut imaginer*, grâce à sa créativité, *des solutions* pour rendre à la princesse sa liberté. pour qu'elle puisse choisir de se baigner dans des conditions *qui* lui *conviennent*. La reine bat des ailes très vite et à chaque battement, elle fait naître une fleur. En quelques minutes, des dizaines de fleurs, de toutes les couleurs, bleues, jaunes, rouges, blanches, se mettent à virevolter dans l'air autour de l'astrologue et de la petite reine des abeilles.

Certaines s'éloignent pour aller se poser là où *elles sont utiles*, d'autres ne sont pas *bienfaisantes* et se fanent tout de suite. Une finit par se poser dans la paume de l'astrologue qui comprend que cette fleur est très *efficace*, pour guérir le maléfice dont souffre Shéhérazade. La fleur ressemble à une fleur de lotus blanc, elle a son parfum.

Tout content, et fier de lui, l'astrologue, *sans tarder* l'*apporte* à la princesse, alors qu'elle sort de son bain de lait et de miel pour la quatrième fois de la journée ! Va-t-elle enfin trouver *la solution* ? Elle est prête à tout essayer *pour aller mieux*. Elle prend la fleur, la respire longuement. Et, *tout de suite*, s'endort profondément…

Elle *imagine* qu'elle est dans un magnifique jardin rempli de roses et de jasmin, *que* tout brille, est lumineux. *Tout change* autour d'elle, *maintenant* : Elle a un beau sourire, une belle peau saine et fraîche. Elle *savoure* un thé odorant, et à *ce moment* résonne la douce musique des musiciens du palais. Toutes sortes d'oiseaux volent joyeusement autour de grands arbres verts qui donnent une ombre bienfaisante. L'astrologue-médecin du calife est là, devant elle, et lui dit : « Je garde pour toi *cette* fleur, elle ne fanera jamais et chaque fois que tu voudras la respirer pour retrouver cet endroit *magique,… exactement comme tu le souhaites…* il te suffira de fermer les yeux et de penser à moi. »

« Ha dit la princesse, c'est parfait et si agréable d'être libre à nouveau ! Merci »

L'hôtelier et le sculpteur

Un riche commerçant africain, retiré des affaires, partit finir ses jours dans son village natal. Là, son nouveau voisin, qui était éleveur de bétail, occupait ses loisirs à sculpter de magnifiques statues selon la tradition que lui avait enseigné son père. Le commerçant retraité tomba en admiration devant son travail et le pria de lui céder une de ses pièces. Le voisin la lui offrit avec plaisir.

Souhaitant le remercier, le commerçant téléphona à un de ses amis, hôtelier dans la capitale, et lui dit : "Tu cherchais des décorations originales pour les chambres de ton nouvel hôtel, j'ai ce qu'il te faut; mon voisin est un artiste et ses œuvres originales feront la réputation de ton établissement. Viens le voir!"

L'hôtelier se rendit au village et alla voir le sculpteur.

« Combien vendez vous vos sculptures ? » lui demande-t-il.

« C'est rare que j'en vende, mais parfois un touriste en achète une, 5 euros.

- 5 Euros! J'aurais besoin d'en acheter 100.

- Dans ce cas, chacune vous coûtera 50 Euros ».

Croyant à une erreur, l'homme de la ville, rectifia :

« Voyons, si j'en achète 100, il faut au contraire me faire un prix plus bas, une réduction, c'est ainsi que fonctionne le commerce.

- Mais, si j'en fais 100, ce ne sera plus un plaisir, ce sera du travail, qui me privera d'autres plaisirs, comme aller discuter avec les voisins, profiter de mes enfants et me promener; c'est donc un gros sacrifice, il est normal que cela vous coûte cher ».

Un vase est fait d'argile, mais c'est son vide qui le rend propre à sa tâche

Lao Tseu

L'oiseau et le souriceau

Un jeune souriceau qui ne connaissait pas la vie s'aventura imprudemment chez un paysan lequel avait un chat qui se lança immédiatement à sa poursuite... Un petit oiseau passait par là attira l'attention du chat et permit au souriceau de s'échapper. Ce dernier pour marquer à l'oiseau sa reconnaissance lui proposa de s'introduire dans la grange où le paysan gardait ses provisions : graines, fruits, fromage.

« Je vais ronger les sacs dans lesquels se trouve la nourriture et tu n'auras plus qu'à picorer. Pour entrer, c'est facile, il y a un trou dans le toit par lequel tu peux t'introduire, moi j'ai creusé un petit trou par lequel je me faufile ».

Pendant quelques jours, ce fut la fête : les deux amis firent bombance. Mais le paysan ne tarda pas à s'apercevoir que ses réserves étaient pillées et mit le chat dans la grange pour pourchasser les voleurs ! Que faire ? Le souriceau s'aperçut qu'il ne pouvait pas fuir par le trou car il avait beaucoup engraissé.

« Pas de problème, dit l'oiseau, je vais t'aider à passer par le toit, accroche toi à mes pattes et tout ira bien ».

« Je suis trop lourd, gémit le souriceau, tu ne pourras pas me soulever ».

« Mais si, s'obstina l'oiseau, il n'y a pas d'autre solution, fais ce que je te dis ».

Le chat se rapprochait à pas feutrés, attiré par le bruit que faisaient les deux amis pris de panique.

L'oiseau s'obstina en vain à soulever son ami et finit, avec le souriceau, sous la dent du chat...

Le 4X4

Un professeur de philosophie partit un jour en excursion en 4X4 avec trois de ses étudiants. Ils campèrent dans une petite clairière, près d'une jolie source. A l'aube le lendemain, le professeur les réveilla et demanda : « Que remarquez-vous » ?

« Il fait plutôt frais, cela sera agréable de faire la route aujourd'hui, nous n'aurons pas trop chaud » dit le premier étudiant

« Cet endroit est infesté de moustiques » dit le deuxième, « partons tout de suite ! »

« Je regrette de quitter cette solitude mais nous devons rentrer hélas !» dit le troisième.

« Ce sera à pied, alors » conclut le maître, « parce qu'on nous a volé le 4X4 ! »

Dis-toi d'abord qui tu veux être, puis fais en conséquence ce que tu dois faire

Epictète

La guerrière et la jongleuse

Il était une fois, il y a bien longtemps, un seigneur qui avait une fille unique. Son regret était de n'avoir pas de fils qui puisse comme tous ses ancêtres devenir un chevalier. A 12 ans, la jeune fille *décide de* devenir « chevalière » pour *remplacer ce* fils que le seigneur n'avait pas eu. C'était *un comportement* très in*habituel* à l'époque : seuls les hommes pouvaient choisir cette carrière, les jeunes filles nobles s'occupaient à tisser et à broder, faisaient de riches mariages, élevaient des enfants dans un château.

Elle va *trouver* son père pour lui demander un cheval et des armes pour s'entraîner.

La volonté de la jeune fille est si *forte* que son père accepte de lui faire apprendre le métier des armes ; elle s'entraîne à monter à cheval, tirer à l'arc, se battre à l'épée avec un maître d'armes et elle participe même à des tournois lors des grandes fêtes où elle défie de valeureux chevaliers devant toute la noblesse du pays. Bien sûr, *pour* se protéger, elle *porte* une armure, une cotte de maille, un casque ; c'est très lourd à porter, très rigide, mais pour se *protéger d'une* attaque dans les combats, il n'y a pas d'*autre manière* !

A quinze ans, elle veut être armée « chevalière », et pour cela il faut qu'elle réussisse une épreuve permettant de juger de son courage et de sa force. Elle part donc à l'aven*ture* pour trouver cette épreuve. Comme les chemins ne sont pas sûrs à l'époque, elle met son armure et son casque, monte sur son cheval et se met en route vers la grande ville. Elle *avance calmement* et lentement à cause du poids de son armure, car son cheval ne peut pas galoper longtemps. Elle a chaud, *sent* des courbatures dans ses épaules et ses jambes à cause de la rigidité de l'armure et au bout d'un moment *elle a besoin de se reposer* à l'ombre d'un bosquet près d'un ruisseau d'eau claire. Une jeune fille est déjà là qui fait des tours de souplesse ; c'est une jongleuse qui va de château en château pour distraire les seigneurs pendant les fêtes et les banquets. Elle sait jongler avec des quilles et des ballons, danse en s'accompagnant d'un tambourin et sait même marcher sur un fil tendu entre deux toits en gardant son équilibre. Elle est mince, souple et légèrement vêtue d'un collant multicolore et d'une tunique de laine fine. Tout de suite la jeune jongleuse s'approche de la chevalière et *engage la conversation*, un peu étonnée de voir une femme *couverte* d'une armure si lourde et si rigide.

« *Ho* ! Pourquoi es tu habillée de cette façon ?» demande la jongleuse

« Pour me protéger des mauvaises rencontres, des *autres* ! Je veux devenir chevalier et je cherche l'aventure ! Et d'ailleurs je préfère ne pas parler à des inconnus, je ne leur *fais* jamais *confiance*. » répond la chevalière

La jeune jongleuse reprend ses exercices de gymnastique avec plaisir et au bout d'un moment tente de nouveau d'engager la conversation

« Où allez vous noble demoiselle ?

- A la grande ville qui se trouve à une journée de marche.

- J'y vais aussi, car une grande fête se prépare et je trouverai sûrement un travail pour quelques jours. Voulez-vous faire route avec moi ?»

La chevalière refuse l'offre, puis après s'être reposée, elle remonte sur son cheval et se remet en route sans même dire au revoir à la jongleuse.

Au bout d'un moment, la jongleuse aussi reprend la route, à pied, et, comme elle *avance plus vite* que le grand cheval qui va au pas, elle rattrape la chevalière au moment où une bande trois voleurs lui barrent le chemin. Coincée dans son armure rigide, la chevalière a des difficultés *pour* descendre de son cheval avant de pouvoir tirer l'épée. Les voleurs sont sur le point de la vaincre lorsque la jongleuse arrête un des voleurs grâce à un tour d'adresse et la chevalière peut ainsi se *libérer* et mettre les deux autres voleurs en fuite.

« Mon cheval est parti et ces bandits m'ont pris ma bourse ! » dit la chevalière furieuse

« La voici ! » dit la jongleuse, « je l'ai reprise pendant qu'ils cherchaient à fuir ».

La chevalière dit « merci », se remet en route, à pied, et n'ose pas chasser la jongleuse qui lui a rendu un grand service.

Un peu plus tard, les deux jeunes filles rencontrent un paysan qui *s'est* égaré et qui leur demande son chemin. La chevalière considérant qu'il s'agit d'un humble paysan, fait semblant de ne pas avoir entendu ; la jongleuse, elle, le renseigne aimablement et pour la remercier le paysan lui offre un petit panier de fruits.

Aux portes de la ville, les deux femmes s'arrêtent près d'une estrade sur laquelle un ménestrel chante de belles chansons d'amour. Il est jeune, *agréable* à regarder. la jongleuse l'applaudit chaleureusement et après la fin du concert s'approche du ménestrel pour engager la conversation. Très vite celui-ci lui propose de chanter pour elle et lui fait un brin de cour. Pendant ce temps la chevalière boude, elle est furieuse des attentions du ménestrel pour sa compagne de voyage et sans vouloir se l'avouer, elle voudrait que le ménestrel chante pour elle aussi.

Le soir, à l'auberge où ils sont tous les trois descendus, la chevalière *réfléchit à tout* ce qui lui est arrivé dans la journée *et prend une décision* : « *Tu* dois enlever ton armure, ton casque, ta cotte de maille ! » aussitôt dit aussitôt fait et elle se *sent tout de suite* plus *légère* - forcément - *et* plus *libre* de ses mouvements.

« Je suis enfin moi-même » pense-t-elle.

« *Bravo* » dit la jongleuse, « *te voilà redevenue une femme, jolie, mince et souple !* Cependant tu dois mettre de nouveaux habits, *choisis* dans mon bagage *ceux que tu préfères* dans lesquels *tu te sens à l'aise*, je te les offre pour *commencer ta nouvelle vie*. »

Cette fois, la jeune fille noble embrasse la jongleuse et lui dit merci chaleureusement.

« C'est vrai, je vais commencer une nouvelle vie, même si je ne sais pas encore laquelle. Je me sens *libre et pleine de curiosité* pour de nouvelles aventures. Avec toi peut-être ? *Tu* m'*apprendras la souplesse* . »

En suivant le chemin qui s'appelle plus tard,
nous arrivons sur la place qui s'appelle jamais.

Sénèque

Le réparateur

Gros problème au sein de la division informatique : le serveur est en panne.

Le technicien maison, appelé sur le champ, vérifie la machine, les branchements, tente en vain de relancer le système. Il démonte l'ordinateur central, change tout ce qui peut être changé, toujours rien.

Le service technique de l'entreprise qui a vendu l'ordinateur est appelé en urgence. L'ingénieur électronicien, à son tour, vérifie les connexions, la machine, le disque dur, les cartes mémoire, les processeurs. En vain.

Au bout d'un moment, n'y tenant plus, l'agent de maintenance, sans un mot, se dirige vers le la boîte de fusibles et remet le disjoncteur sur « ON »...

Qui a-t-il dans la cave ?

Ecoute bien l'histoire de ce fermier, sa femme et sa fille Nanette. Ils habitaient dans une vieille ferme, au fond des bois. Il y avait des animaux, des champs aussi. Le fermier cultivait les champs, soignait les poules, les canards. Il y avait aussi un grand chien qui gardait la ferme, c'était un bon chien fidèle, qui faisait *calmement* son travail de chien de garde ; il savait quand il devait aboyer, quand il pouvait *fermer les yeux pour se reposer* près du puits.

Chaque semaine le fermier allait au village pour vendre ses canards, ses poules, ses légumes au marché. Un jour qu'il était parti, où plutôt un soir, la fermière demande à Nanette sa fille d'aller à la cave chercher des pommes car elle voulait en manger. Dans ce temps là, il n'y avait pas de réfrigérateur et pour garder la nourriture, on la mettait au frais dans la cave. Donc Nanette prend une bougie et descend à la cave. Elle s'enfonce dans l'escalier, une marche après l'autre, de plus en plus *profondément*. Elle *respire calmement*, elle se sent bien. Jusqu'au moment où elle *entend* des bruits, *la voix*, des chuchotemments ; elle *écoute*, on dirait que ça vient du fond de la cave. Elle sent un courant d'air froid sur son visage.... et la bougie s'éteint. C'est comme lorsqu'on *ferme les yeux*, quand on s'endort... Elle décide d'aller parler à sa maman pour lui raconter ce qui vient d'arriver. Sa mère la fermière, prend à son tour une bougie et pour aller voir ce qu'il y a au fond... A son tour, elle descend les marches une..deux..trois. Maintenant elle aussi *plonge* dans le noir car la bougie s'éteind...Et elle aussi *écoute*... *la voix* qui lui dit de *se détendre*, d'*être bien*, du moins elle pense que c'est ce que dit la voix.

Lorsque le fermier revient le lendemain, Nanette et sa mère lui racontent ce qui s'est passé. Le fermier veut en avoir le coeur net et *décide d'aller voir qu'est ce qui se cache* dans la cave... Il prend un couteau, on ne sait jamais, si c'était un animal féroce ; la fermière, elle, prend des bonbons et des gâteaux, on ne sait jamais, si c'était un animal affamé ou malheureux... et Nanette ? He bien Nanette prend une petite boîte qui ferme à clé, on ne sait pas, des fois que ce serait un gentil petit animal qui pourrait devenir son ami, elle aimerait bien le capturer.

Les voilà tous les trois qui descendent explorer la cave avec une lanterne. Tout d'un coup, le courant d'air froid éteind la lanterne, mais le fermier, très courageux, *continue de descendre, calmement*. Nanette *prend la main, pour se sentir rassurée et curieuse de découvrir ce qui se cache au fond*... Et voilà que les bruits recommencent ; le fermier tire son couteau car il croît sentir un gros animal tout près de lui. Il frappe, et l'animal disparaît. Nanette alors *ouvre la boîte pour capturer ce qui est là*, elle *sent la boîte qui se remplit*, et vite elle l'a *referme, vite !* La fermière entend des pleurs des gémissements.... Un enfant perdu ? Un petit fantôme à consoler ? Ou tout simplement un petit chat égaré ? Elle tend les bonbons, les gâteaux et entend une petite voix qui lui dit *« merci »* et puis plus rien... Et pendant ce temps, le fermier cherche les allumettes pour rallumer la lanterne. Ca prend un peu de temps, et Nanette pendant ce temps *imagine une porte* derrière laquelle elle *découvre un monde merveilleux, un endroit magique où tout est possible*, rassurant, où elle *passe un agréable moment* jusqu'à ce que son père rallume la lanterne. Tous les trois *regardent* autour d'eux, mais il n'y a rien, rien que *les choses ordinaires* : les pommes, les bûches de bois, toutes les choses qu'on garde dans la cave. Mais les bonbons ont disparu ! Nanette *ouvre la boîte... elle est vide !* Vide ? Non pas tout à fait, il y a une petite médaille avec son portrait ! Elle lui sourit et dit « merci ».

On n'a jamais su ce qui était dans la cave, mais une chose est sûre : depuis ce jour là, plus jamais il n'y a eu de bruits, de voix et de courant d'air froid et lorsque la fermière demande à Nanette d'aller chercher des pommes dans la cave, Nanette y va bien volontiers.Et elle porte toujours sur elle la petite médaille.

La plume de l'oiseau bleu

En s'envolant, un jour, l'oiseau bleu du bonheur perdit une plume. Portée par la brise légère, elle voltigea jusqu'à un passant et l'effleura, mais celui-ci, pressé, l'écarta d'un geste de la main et poursuivit son chemin. Juste avant de toucher le sol, la plume se posa sur l'épaule d'un autre passant, qui, croyant être piqué par un insecte, la chassa brusquement et s'enfuit. Un troisième passant marcha sur la plume, sans même la remarquer.

Froissée et salie par la poussière du chemin, la plume avait perdu sa belle couleur bleue. Un poête pourtant la remarqua. Il la ramassa, l'essuya et avec elle il écrivit l'histoire de sa vie...

Le jardin qui embellissait chaque fois qu'on l'admirait

Un homme acheta un jour une maison entourée d'un jardin qui n'avait rien d'extraordinaire; en fait il était à l'abandon, les mauvaises herbes poussaient partout, la mousse couvrait le tronc des arbres qui n'avaient pas été taillés depuis des années. Comme il aimait jardiner il se mit au travail et nettoya, planta, tailla, sarcla, arrosa le jardin. Mais il n'était pas content du résultat, son jardin était propre mais banal, les oiseaux le désertaient.

Des amis lui rendirent visite et le complimentèrent sur son jardin « Ces pivoines dans ce coin sont d'un très joli effet! » dit l'un. « Et je trouve l'idée de la treille devant la terrasse excellente, cela donne de l'ombre et donne envie de s'y attarder! » ajouta un autre. Le propriétaire remercia mais restait sceptique : son jardin n'avait rien de remarquable.

Le lendemain, en se levant, il alla comme chaque jour s'occuper du jardin. Il fut frappé par la beauté des pivoines et apprécia l'ombre dense que faisait la treille devant la terrasse. Etonné que son jardin ait pu ainsi se parer en une nuit, il réfléchit à ce qu'avaient dit ses amis et s'efforça de remarquer toutes les choses plaisantes qui s'offraient à sa vue : les massifs de plantes vivaces, le parfum du jasmin, la blancheur des pas japonais et il se félicita d'être un aussi bon jardinier.

Dès le lendemain, il retourna au jardin et s'émerveilla cette fois du spectacle : le petit jardin insignifiant était devenu le plus magnifique des jardins anglais dans lequel tous les oiseaux du voisinage étaient venus faire leur nid.

Les 2 ânes

Deux ânes étaient dans un pré attachés ensemble par un licol.

L'un voulait aller à gauche manger dans un champ de luzerne, l'autre voulait aller à droite brouter dans un champ de carottes.

Chacun tirait sur le licol pour forcer l'autre à le suivre; après quelques instants, les deux ânes, à moitié étranglés, s'arrêtèrent de tirer.

L'un d'eux menaça l'autre : « je dirai au fermier que tu m'as mordu! », « et moi je dirai que tu m'as donné une ruade et que je ne peux plus travailler » répliqua l'autre.

Le premier âne, (appelons-le Martin), changea de tactique et se fit conciliant : « Viens d'abord avec moi et quand j'aurai mangé la luzerne, je t'accompagnerai dans le champ de carottes »

- Je n'en crois rien! dit l'autre (appellons le Pompon).

- Je te laisserai ce soir ma part d'eau bien fraîche si tu m'accompagnes! insista Martin.

- J'ai assez de ma part et n'ai pas besoin de la tienne ! » répondit Pompon, décidément fâché.

Alors Martin dit :

« Nous sommes dans un débat stérile, pendant ce temps ni toi ni moi ne mangeons ce que nous aimons, le maître va venir et nous n'aurons rien mangé! Je vais donc t'accompagner manger les carottes, même si moi, je ne les aime guère. J'espère qu'après tu voudras bien à ton tour m'accompagner dans le champ de luzerne. »

Et ainsi firent-ils.

Les grottes du Cango (Afrique du Sud)

Un matin de 1780, Klaas Windvogel, un fermier à la recherche de moutons perdus, découvrit l'entrée d'une caverne. Des hommes préhistoriques avaient vécu là, bien longtemps auparavant, comme l'attestaient les peintures d'animaux à l'entrée de la grotte. Avec un petit bout de chandelle, Klaas Windvogel, s'aventura dans la grotte mais, prudemment, dut renoncer à l'explorer, elle était beaucoup trop vaste et il ne put distinguer que quelques stalagmites.

Quelques jours plus tard, il revint accompagné de quelques personnes munies de torches et de cordes grâce auxquelles ils purent pénétrer plus avant dans la grotte. Ils découvrirent une immense salle dont la voûte était si haute que les torches ne permettaient pas de l'éclairer et de la voir.

Grâce à l'électricité, il fut possible de découvrir plusieurs dizaines de salles nouvelles, des passages et des galeries et même une rivière souterraine. L'utilisation de pompes à eau puissantes et de l'électronique permit de découvrir d'autres salles et d'autres passages, auparavant inondés.

Au XXe siècle, la grande salle appelée Van Zyl Hall, d'une longueur équivalente à celle d'un terrain de football, fut aménagée pour y organiser des concerts, en raison de son acoustique exceptionnelle. Elle pouvait accueillir plus de cinq mille personnes.

L'exploration du réseau du Cango n'est toujours pas terminée, et malgré les puissants projecteurs qui éclairent désormais les grandes salles où se pressent les touristes, il n'est toujours pas possible d'apercevoir le plafond....

Souvenirs de Goa (Inde)

Minuit, une nuit de Noëll, à Goa, carrefour de multiples influences culturelles : bouddhiste, hindouiste, chrétienne, musulmane, jaïniste.

Ce soir là, trop de fidèles se pressaient pour assister à la messe de minuit pour espérer les contenir tous dans l'église pourtant imposante. Des rangées de chaises avaient été disposées aux abords de l'église et des guirlandes d'ampoules électriques couraient le long des rampes d'escalier menant à l'église. Un son et lumière en quelque sorte. Rien de tel à Saint François Xavier, visité dans la journée, où la qualité de monument historique imposait un certain respect pour l'esthétique. Pourtant là aussi brillait la lumière : discrète, avec des fils masqués dans la maçonnerie, comment ? Mystère, l'ensemble se laissait à peine deviner.

Au temple jaïn, pas d'électricité mais de multiples lampes guidaient les fidèles dans la pénombre, contraste saisissant de ce point de vue avec les temples hindous, qui semblaient vouloir rivaliser les uns avec les autres sur le plan de la couleur et de la lumière : néons, ampoules colorées, peintures fluos, rien n'est trop chatoyant !

Lumière enfin, jusque dans les bidonvilles où une petite mosquée de quartier, toute blanche et verte, étalait ses panneaux solaires sans doute pour éclairer le travail des élèves de la medresa toute proche.

Autant de manières de prier, de manières d'être éclairé... par la même lumière.

Celui qui veut réussir trouve un moyen. Celui qui veut rien faire trouve une excuse.

Proverbe

La pierre à souhaits

Au cœur d'une forêt touffue se trouvait un rocher magique, il avait, disait-on, le pouvoir d'exaucer un vœu lorsqu'on dormait près de lui.

Un brave paysan, un voleur et un moine allèrent y dormir. Le paysan demanda la prospérité, le voleur l'impunité et le moine l'amour.

Le lendemain, le paysan se réveilla voleur à la tête d'une bande de brigands, le voleur devint moine et alla expier au fond d'un cloître ses fautes et le moine devint un paysan aimé de tous les gens du village...

Voyage d'étude

Quand Célérius 1er prit le pouvoir à la suite d'un coup d'Etat qui avait chassé le vieux roi corrompu et despotique, il eut le souci légitime d'éviter de renouveler les mêmes erreurs. Il s'en ouvrit à son mentor, dont il avait pu apprécier la sagesse et les conseils avisés pendant son ascension vers le pouvoir.

« Il faut innover, faire table rase du passé, imaginer une nouvelle manière de gouverner, des lois originales que personne jusqu'ici n'a appliquées. Le problème c'est la mentalité des gens, il faut les faire évoluer sans quoi le pays restera dans la pauvreté et l'ignorance. Ce qu'ont construit nos pères était peut-être bon dans le passé, mais il nous faut désormais un plan de développement moderne et tourné vers le reste du monde ». Ainsi parla Célérius qui, avant d'être roi, avait étudié dans les pays d'Occident et en avait gardé l'habitude d'employer des phrases clichés qui selon lui faisaient bien dans un discours. Mentor réfléchit quelques instants et répondit :

"Monsieur (il avait quelques réticences à l'appeler Sire compte tenu des méthodes employées pour coiffer la couronne), avant de vous donner mon opinion et de vous faire quelques suggestions comme vous me le demandez, j'aimerais vous proposer de faire un court voyage en ma compagnie. » Célérius fut surpris, mais comme il avait des loisirs, car il laissait les tâches ingrates d'administration à ses courtisans, et qu'il était naturellement curieux, il accepta; tout au plus s'informa-t-il de la destination et du protocole qui serait suivi. Mentor lui apprit qu'ils se rendraient en Orient, dans un lieu jadis appelé Palestine; quant au protocole, ils voyageraient incognito, autant pour être libres de leurs mouvements que pour éviter de possibles problèmes politiques, la région étant connue pour être perpétuellement en guerre ou en révolution.

Ils visitèrent la ville de Tartessos où une ancienne église construite au temps des Croisades est reconvertie en lieu d'habitation. Puis le port de Byblos dont la jetée moderne est bâtie sur l'ancien port antique, Bosra et son amphithéâtre antique devenu successivement caserne, réservoir d'eau, entrepôt avant d'être rendu à sa destination première et enfin la Mosquée des Omeyades à Damas qui avant d'être mosquée était cathédrale chrétienne et encore avant temple de Jupiter.

Célérius, qui n'était pas sot, comprit le message : peu importe les matériaux avec lesquels on construit, c'est l'usage qu'on en fait qui compte. Ainsi en va-t-il des anciennes lois et des traditions.

Etude de marché

Une entreprise de fabrication de chaussures décide de développer son activité à l'international et envoie une équipe de deux commerciaux dans un pays tropical où les habitants vont pieds nus. Au retour, les commerciaux font leur rapport :

« Aucun espoir de s'implanter là-bas » dit le premier

« Formidable marché potentiel » assure le second.

Le miroir dans le coffre

Il y a fort longtemps, revenant d'un voyage, un homme pieux acheta en ville un miroir, objet inconnu pour lui. C'était alors un objet rare et précieux mais le paysan crut y reconnaître le visage de son père, aussi l'acheta-t-il et l'emporta chez lui, tout heureux de sa trouvaille.

Il le cacha dans un coffre sans rien dire à son épouse.

Quand il se sentait triste, il allait de temps en temps voir « son père » dans le miroir. Il ouvrait le coffre et restait un long moment au-dessus en parlant à voix basse.

Sa femme, intriguée par son manège, fut curieuse de voir à qui son mari parlait.

Une fois le mari parti, elle ouvrit le coffre à son tour, regarda le miroir et y vit une belle jeune femme. Elle devint très jalouse et fit une scène terrible à son mari à son retour.

Le mari ne comprenait pas pourquoi sa femme était furieuse. « Ce n'est que l'image de mon père après tout, je lui parle, rien de plus ! » « Menteur ! Tu en aimes une autre ! »

Le lendemain, alors que le mari était au champ, une religieuse vint à passer par là et s'arrêta un moment pour demander à se reposer quelques instants. Informée par l'épouse du sujet de leur querelle, elle voulut régler le conflit et se fit montrer l'objet du délit.

Elle sourit et déclara à la femme : « Tu n'as aucun souci à te faire, cette femme est nonne et ton mari ne peut rien lui faire ! »

L'arbuste ornemental

Un célèbre horticulteur avait créé pour les jardins du roi une variété exceptionnelle d'un arbuste ornemental. Le vent emporta une graine qui germa par hasard dans la forêt. En grandissant l'arbuste enraciné dans un lieu étranger, ne se sentait pas à sa place et rêvait de se retrouver dans un jardin. Agacé par ses lamentations, un chêne du voisinage finit par lui dire : "Qu'attends-tu pour changer ? » « Mais je ne peux pas bouger, c'est impossible... et pourtant je voudrais tant changer de lieu! » reprit l'arbuste.

« Tu cherches des prétextes mais au fond tu ne veux pas faire les efforts nécessaires! Ca te regarde, mais cesse de nous ennuyer avec tes jérémiades ! » conclut le chêne

Vexé et un peu honteux, l'arbuste réfléchit et décida d'attirer de nombreuses fleurs très parfumées à son ombre. Il proposa même aux orchidées de s'installer sur son écorce. Un jour un garde forestier qui passait par là fut attiré par les fleurs et les parfums et découvrit l'arbuste « Ce n'est pas une espèce endémique, il n'a rien à faire dans cette forêt » . Il s'apprêtait à le marquer pour abattage quand il remarqua sa beauté et ne put se résoudre à le couper. A la place, il le fit transplanter... au jardin botanique de la capitale.

La querelle des ustensiles

Grand débat chez les ustensiles de cuisine. Qui du couteau, de la fourchette, de la cuillère, de l'écumoire et de la louche était le plus utile dans une cuisine ?

Le couteau, tranchant comme à son habitude, affirmait : « je suis le seul à couper, à tailler, sans moi point de cuisine ! »

« Sauf quand il faut t'aiguiser », ricana la fourchette, « Tandis que moi, je suis indispensable pour saisir les grosses pièces de viande ! »

« Indispensable, non mais voyez vous ça ! Je peux en faire autant et en plus je sers à égoutter » cria l'écumoire.

« Justement, dit la louche, tu ne sers à rien pour les soupes et les potages avec tous tes trous, alors ne te dis pas indispensable ! »

« Je vous trouve bien prétentieux, tous, dit la cuillère, car en fin de compte je suis la seule à permettre aux humains de manger toutes sortes de nourritures, potage, riz, légumes... »

« Faux, la coupa la fourchette, on peut boire les potages ! »

« Et manger avec les doigts » ajouta la louche.

« Oui, en se les brûlant ! » ironisa la cuillère.

La dispute s'échauffait, le couteau devenait menaçant, la fourchette adoptait une position d'attaque, la louche et l'écumoire s'apprêtaient à se taper dessus et la cuillère cherchait à se cacher derrière les casseroles quand le cuisinier entra, mis un wok sur le feu et fit sauter viande et légumes... avec des baguettes.

Les fermiers et les renards

Trois fermiers se désolaient de voir disparaître une à une leurs poules pondeuses sous les dents des renards. Ils décidèrent de dresser de solides barrières en bois tout autour des poulaillers. Hélas, les renards sont rusés ! Ils creusèrent sous la palissade pour pénétrer dans les basses-cours pour y chercher leur déjeuner.

De plus en plus contrariés, les fermiers décidèrent de mettre un grillage métallique, profondément enfoncé dans le sol pour empêcher les pillards de pénétrer. Les renards escaladèrent le grillage et continuèrent le carnage des volailles.

Les fermiers mirent du fil de fer barbelé au-dessus du grillage en espérant décourager les intrusions. Mais ils avaient oublié les grands arbres qui entouraient les fermes ; les renards n'eurent qu'à grimper, se laisser choir sur le toit puis dans la basse-cour et repartir le ventre plein par le même chemin…

Les fermiers alors décidèrent de changer de tactique.

Le premier acheta deux molosses qu'il laissa en liberté dans la basse-cour. Le deuxième fit construire un bâtiment en dur dans lequel élever ses poules. Quant au troisième, il décida d'élever les renards pour en vendre la fourrure...

Histoire de la colère

Il était une fois une petite colère qui n'osait pas se montrer.

Elle s'était réfugiée au fond d'un volcan, bien au chaud au dessus d'une poche de magma et entourée d'une épaisse carapace de roches. Ainsi elle grandissait et chauffait. Elle chauffa et grossit tant et si bien qu'elle finit pas exploser. Elle projeta tout autour du volcan des quartiers de roches et de la lave en fusion, détruisant tout sur son passage et ne laissant derrière elle que ruine et désolation.

Peu à peu elle refroidit et en refroidissant elle se sentit toute bizarre ; elle comprit qu'elle était triste. Triste d'avoir détruit tant de plantes et d'animaux, triste d'être entourée d'un désert de lave noire. Et elle entendit ce que les plantes, les animaux, et les êtres humains qui passaient disaient d'elle : qu'elle était méchante, féroce, aveugle, stupide. Alors la colère eut peur de ne pas être aimée, d'être rejetée par tous, de rester seule à tout jamais. Et pendant très longtemps elle vécut ainsi entre la tristesse et la peur.

Un beau matin, quelques brins d'herbe poussèrent sur la lave, puis des fleurs apparurent et enfin des arbres s'enracinèrent sur ce terrain fertile. Des paysans y semèrent du blé qui donna de riches moissons. Alors la colère se dit qu'elle avait été utile après tout, que c'était grâce à elle que le sol était si fertile mais elle comprit aussi qu'elle aurait dû s'y prendre autrement pour produire ce résultat. A l'instant même elle cessa de se sentir triste et apeurée et la joie qui n'était pas bien loin, s'approcha d'elle et lui tendit la main.

Comment tomber dans un trou

Première étape : il faut qu'il y ait un trou, peu importe que ce soit sur une route, en pleine campagne ou au fond d'un bois. Un trou, profond.

Passe un voyageur inattentif, perdu dans ses pensées, il tombe dans le trou.

Un deuxième voyageur s'approche, il est aveugle, il n'a pas vu le trou. Il tombe à son tour.

Un troisième voyageur est témoin de la chute des deux autres, il pense : « Rien à faire, je vais moi aussi tomber dans ce trou ! » et en effet, il tombe.

Un quatrième passant assiste à ces chutes successives et se dit : « Je dois sauver ces pauvres gens, ils se sont sûrement blessés en tombant ! », il s'élance et saute dans le trou....

Le jugement de la Reine des Eaux

Il y a très, très longtemps, la Reine des Eaux entendit monter des plaintes déchirantes. Les poissons se lamentaient car ils ne pouvaient échapper aux filets des pêcheurs tandis que les pêcheurs vivaient dans la crainte des varans et des pirates. Finalement, la Reine des Eaux voulant ramener la paix dans son royaume convoqua les pécheurs et les poissons, les varans et les pirates.

Elle s'adressa d'abord au pêcheur.

« Pêcheur, lui dit-elle, pourquoi traquer ainsi sans pitié les poissons toi et les tiens? - Comment vivrai-je Reine si je ne me nourrissais pas des poissons ? Ce ne sont pas mes ennemis mais il faut bien que je gagne ma vie! D'ailleurs moi aussi j'ai à me plaindre, des varans qui nous traquent quand nous allons à terre, et des pirates qui nous traquent quand nous sommes en mer. Non la vie n'est pas facile, pour nous pêcheurs! »

La Reine des eaux se tourna vers le varan :

« Pourquoi faire périr les pêcheurs quand ils vont à terre? Sont-ils vos ennemis?

- Non, répondit le varan, mais tu nous a créé carnivores, il faut bien que nous mangions de la viande nous et nos petits! » La Reine admit la valeur de l'argument.

Elle s'adressa alors au pirate :

« Et vous, pourquoi pourchasser les pêcheurs quand ils sont en mer? Que vous ont-ils fait?

- Avant, dit le pirate, nous étions aussi des pêcheurs, mais il n'y a pas de poissons pour tout le monde, et pour survivre nous avons dû changer de métier! »

La Reine des Eaux réfléchit longuement...

Aujourd'hui, les bateaux qui circulent entre Flores et Komodo transportent des touristes pour leur faire découvrir le parc naturel marin et photographier poissons tropicaux et varans. Ceux-ci sont nourris par les gardiens du parc. Des pirates il ne reste qu'un nom, celui du petit port de Labuan Bajo.

Les deux oracles

Il était une fois un roi très riche et très puissant qui régnait avec sagesse sur un grand pays. Les gens y étaient *heureux* et vivaient *en paix* depuis de nombreuses années *car* ce roi prenait toujours de bonnes décisions. Pour cela il avait un secret : une *statue* magique, en or, qui parlait et donnait des conseils avisés chaque fois qu'on l'interrogeait.

Ce roi se *faisait* vieux et voulait laisser la couronne à un de ses enfants, il en avait quatre, un fils aîné, une fille et un garçon jumeaux et une fille cadette. A qui laisser le trône ? Tous ses enfants étaient intelligents, sages, courageux, bienveillants et tous pouvaient faire un bon roi ou une bonne reine. Pourtant, il fallait *choisir*. Le roi *va* donc demander conseil à la statue d'or pour savoir comment décider. Celle-ci lui conseille d'envoyer tous ses enfants au loin *chercher* un objet qui pourrait contribuer au bonheur et à la prospérité du pays. Le roi convoque ses quatre enfants et leur recommande de partir, chacun dans une direction différente pour trouver cet objet.

Ils avaient deux ans pour mener à *bien* cette recherche. A leur retour, celui ou celle *qui aurait* rapporté l'objet *le plus utile* sera proclamé roi ou reine...

Les quatre jeunes se mettent en chemin, mais les deux jumeaux qui ne pouvaient jamais se séparer décident de ne pas obéir au roi et de chercher ensemble.

Au bout des deux années les jeunes gens reviennent de leur voyage.

Le fils aîné prent le premier la parole. Une très jolie jeune femme est à ses côtés.

« *Si*-re mon père, je suis revenu sans l'objet que j'étais allé cherché car *en chemin* dans un lointain royaume j'y ai rencontré cette jeune femme, la fille unique d'un très grand roi et je souhaite la prendre pour épouse. Son père est d'accord, c'est donc votre consentement que je suis venu demander. Quant à la couronne de ce royaume mon frère cadet et mes soeurs en sont dignes, je la leur laisse ». Le roi donna son consentement et le fils aîné prend congé pour aller se marier dans le pays de sa fiancée.

La fille cadette elle aussi était revenue accompagnée, à son tour elle prend la parole :

« Mon cher père, cet homme vénérable qui m'accompagne est l'ambassadeur d'un roi sage et valeureux qui désire faire de moi son épouse. Je suis venue vous demander votre consentement. » Et l'ambassadeur qui accompagnait la princesse déposa de magnifiques présents en gage d'amitié et de bonne intention. « Très bien ma fille, je connais le roi dont *tu* me parles, je l'accepte pour gendre avec joie ». La princesse à son tour quitte la cour de son père pour aller rejoindre son fiancé.

Le frère et la soeur jumeaux n'avaient encore rien dit. Le roi leur demande comment s'était passé leur voyage.

« Père nous avons *trouvé* un objet extraordinaire, mais comme nous l'avons trouvé ensemble... et qu'il n'y en a qu'un, nous ne savons pas comment nous départager. Voici l'objet : un anneau magique habité par un génie qui fait le bonheur de celui qui porte l'anneau. »

- C'est en effet un objet extraordinaire dit le roi. Cependant vous n'avez pas respecté la consigne qui pourtant était pourtant claire, Vous deviez aller chacun dans *une direction différente pour faire* votre recherche et rapporter chacun un objet. *Le* problème du *bon choix* de mon successeur n'est donc pas résolu ». Et aussitôt l'audience terminée, le roi va consulter la statue magique.

« Puisque les jumeaux ont trouvé la même chose et qu'ils sont tous les deux dignes de te succéder, tire au sort ton successeur ; l'autre devra quitter pour toujours la cour et se retirer dans un ermitage au fond de la forêt. »

Ainsi fait le roi et c'est le fils jumeau qui est *choisi* par *le* sort. Sa soeur jumelle, bien triste de devoir renoncer, non pas à la couronne mais à sa famille *et* surtout à son jumeau dont elle ne s'était jamais séparée, prend le chemin d'une lointaine forêt.

Aussitôt après ces événements, le roi abdique et part visiter de lointains pays incognito. Son fils lui succède et très vite il doit prendre des décisions difficiles.

Pour l'avenir de la dynastie, il doit se marier au plus vite ; un grand bal est organisé auquel toutes les jeunes filles en âge de se marier sont invitées ; elles sont si nombreuses *que* le jeune roi ne sait vraiment pas laquelle choisir. Il demande conseil à la statue et au génie de l'anneau « Prends une épouse qui t'apportera des richesses afin d'accroître la prospérité de ton pays » lui dit la statue. « *Ecoute ton coeur et choisis* celle qui a *les plus grandes qualités* : bonté, sagesse, honneteté et peu importe si elle est riche ou noble ». Le temps passait... Incapable de choisir, le jeune roi restait sans épouse malgré de nombreux bals et la pression de ses ministres.

Quelque temps plus tard, un roi voisin devient menaçant et cherche à envahir le pays. Affolé, le jeune roi va consulter la statue qui lui conseille de mobiliser ses troupes et de les envoyer aux frontières pour prendre l'offensive avant que les ennemis ne ravagent le pays. Le génie de l'anneau, lui, lui murmure qu'il fallait au plus vite envoyer des ambassadeurs avec de riches présents pour demander la paix afin que ses sujets ne souffrent pas de la guerre. Incapable de choisir entre ces deux conseils le nouveau roi vit dans l'inquiétude.

Il pense alors à la soeur jumelle, au fond de sa forêt et va la voir pour la consulter. Il lui raconte comment la statue et le génie de l'anneau ne sont jamais d'accord, pourtant ils sont tous les deux supposés donner de bons conseils !

« Sans doute lui dit sa soeur, cependant leur point de vue est différent et donc leur conseil est aussi différent. Voilà ce que *tu peux* faire ». Et la soeur lui explique comment s'y prendre pour *réconcilier les deux* oracles.

De retour dans son palais, le roi va d'abord trouver la statue pour lui demander dans quelle intention elle lui donne ses conseils. « C'est pour le bonheur et la prospérité de ton pays et de ton peuple ; pour que tu sois un roi aimé et respecté ». Le roi pose ensuite la même question au génie de l'anneau. « Je ne veux que ton bonheur, un roi heureux est un roi juste qui fait le bonheur de son peuple ».

Le roi comprend que les deux oracles, comme les deux *parties* d'un tout ont, chacun à leur manière, de bonnes intentions. Il les met donc *en présence*, la statue d'un côté et l'anneau de l'autre et les remercie de leurs intentions. Puis il leur demande quelles qualités ils sont prêts à se donner mutuellement. Le génie répond le premier : « Je peux donner de la bienveillance, de la joie de vivre, de l'indulgence ». « Dans ce cas, dit la statue, je peux donner du courage, de la justice et de la détermination ». Aussitôt dit, aussitôt fait, le génie de l'anneau et la statue font l'échange. Le roi les remercie et leur demande alors s'ils sont prêts à collaborer pour donner un conseil commun *chaque fois* qu'il le leur demandera. Après un moment de réflexion, la statue hoche la tête et le génie dit « d'accord, coopérons ! » Le roi met alors l'anneau au doigt de la statue et il se produit quelque chose d'étonnant : la statue et l'anneau disparaissent dans une boule de lumière qui prend la forme d'un coeur. Le roi saisit ce coeur lumineux et le met sur son coeur. Aussitôt, il *sent une grande force* en lui.

Depuis ce jour le roi préside son conseil avec assurance et justice. Il sait consulter son coeur et sa tête chaque fois qu'il prend *une* décision difficile. A la *grande satisfaction* de ses ministres et pour la plus grande joie de son peuple, il a enfin choisi une épouse digne de lui et a su *trouver la juste attitude* face à son voisin menaçant.

A la recherche d'El Dorado

Joao était pêcheur au Portugal. Il avait entendu parler de l'Eldorado et certains disaient qu'Eldorado se trouvait vers l'Est, dans le vaste océan entre l'Afrique et l'Inde. Pedro, le lieutenant du seigneur du village, qui avait accompagné son maître dans ses voyages prétendait l'avoir vu. Il n'y avait rien de plus magnifique, pas seulement de l'or à profusion, mais des fruits et des fleurs étranges et délicieux, des femmes à la beauté troublante, un climat enchanteur où les hommes ne connaissaient ni la malacie ni les infirmités. A la veillée l'hiver, autour du feu, Joao écoutait ces histoires fabuleuses et rêvait de s'embarquer à son tour.

A 12 ans, il se fit mousse sur une caravelle qui faisait partie d'une expédition ordonnée par le Roi du Portugal pour cartographier les côtes africaines .Le voyage fut long et plein d'imprévus : des rencontres avec les gorilles et les éléphants, le mont Cameroun émergeant de la brume, la tempête avant de doubler le cap de bonne espérance le mal nommé, des pirates arabes le long de la côte du Mozambique.

Un cyclone tropical qui poussa le bateau vers une grande île que peu de marins avaient abordée. Dans le lagon d'une mer d'Emeraude, il y avait un village de pêcheurs, c'est là que se trouvait Eldorado selon les dires des indigènes interrogés au Mozambique et les affirmations du pilote du bateau qui avait déjà navigué dans les parages. C'était beau assurément mais il faisait chaud, très chaud, certains marins furent saisis par les fièvres. Les indigènes étaient rien moins qu'accueillants et s'attaquèrent aux marins débarqués. Tout juste le temps de prendre de l'eau et d'abattre un peu de gibier et l'expédition reprit la mer. Joao était déçu : pas d'or, par de pays enchanteur, aurait-il fait tout ce voyage pour rien ? Voyant sa colère et sa déception, le pilote chercha à le consoler :

« Pense à toutes les choses que tu as découvertes, aux rencontres que tu as faites, aux choses que tu as apprises grâce à ce long voyage.

- Ce n'est pas l'Eldorado, on m'a menti!

- Ce qui compte p'tit gars, c'est pas la destination, c'est le voyage. »

Le lion mal servi

Le lion roi des animaux se plaignait d'être mal servi... Il avait bien sûr beaucoup de serviteurs : l'ours pour garder sa porte et éloigner les importuns, la gazelle pour porter ses messages, le lapin pour le distraire par ses tours de souplesse, le cochon pour goûter sa viande, le vautour pour surveiller les alentours et bien d'autres encore. Oui, mais voilà, ses serviteurs étaient parfois absents : ils étaient malades ou prenaient leurs vacances. Et le lion ces jours là se considérait mal servi.

Un jour il eut l'idée d'obliger tous ses serviteurs à se former à une nouvelle fonction ; ainsi pensait-il lorsqu'un serviteur serait absent, un autre pourrait instantanément le remplacer. Ordre fut donc donné à tous les serviteurs de suivre une formation à un nouveau métier.

Le lapin eut le choix entre un entraînement au close combat pour remplacer l'ours, une initiation au vol pour suppléer au vautour ou un stage de goûteur pour remplacer le cochon.

Plein de bonne volonté, le lapin choisit une formation au close combat ; manger de la viande était au dessus de ses forces quant à voler, n'en parlons pas ! Au bout de 6 semaines, ses progrès étaient insignifiants il faut bien le dire. L'ours instructeur en était lui auss conscient mais que faire ? Oser désobéir au lion, lui dire que son idée était irréalisable ? Ours et lapin décidèrent de garder le silence. Et un beau matin, le lapin prit ses nouvelles fonctions tandis que l'ours partait en congé dans sa famille.

Le même soir le lion sortit faire sa promenade et constata que le lapin n'était pas à son poste. Rugissant de colère il appela son capitaine des gardes : « Ou donc est le lapin ? Il a déserté son poste ! » Balbutiant, le capitaine des gardes informa le lion que le lapin n'avait pas déserté mais été victime de son devoir : voulant éloigner un serpent importun, ce dernier en avait fait son déjeuner.

Puis, le lion s'étonna de n'avoir pas reçu ses messages quotidiens sur l'état de la jungle. On l'informa que la gazelle s'était tordu une patte et que la tortue avait assuré son interim, elle allait très certainement arriver dans les heures qui suivaient.

Rugissant de plus en plus fort, le lion décida de se retirer dans sa tanière. A l'entrée il trouva l'éléphant. Il faut savoir que l'éléphant de tous les animaux n'a jamais consenti à servir un autre animal fût-il le roi de la jungle. Il est connu pour sa sagesse et sa force ce qui lui permet de dire et faire ce qui lui plaît. Il interpella le lion :

« Ho roi Lion ! J'ai l'impression que tu es fort contrarié ? » En quelques phrases, le lion expliqua ses déboires. L'éléphant fronça la trompe et lui dit :

« Ne t'en prends qu'à toi ! Tout cela est de ta faute. Tu as pris une décision stupide et personne ne t'en a informé, certains parce qu'ils ont peur de toi comme le lapin, d'autres parce qu'ils sont aveugles aux réalités et ne connaissent par leurs limites comme la tortue et la plupart parce que ce n'est pas leur problème : ils font juste ce qu'on leur demande comme l'ours ! »

Histoire d'émotions

Il y a bien longtemps, existait un royaume dont les habitants ignoraient la peur et la tristesse. Ils étaient fiers, courageux, agressifs, très durs avec eux mêmes et avec les autres et au fond, pas très heureux. Peut-on être heureux quand on est agressif, dur et incapable d'admettre les faiblesses des autres et les siennes ? La devise du roi était « sois fort », et elle était gravée sur toutes les façades des maisons, brodée sur les étendards et peinte sur les murs.

Un jour, le roi de ce pays conquit un royaume voisin ; la guerre avait fait beaucoup de morts mais qu'importait au roi ! Ses guerriers étaient prêts à mourir et à tuer sans hésitation. Parmi les prisonniers se trouvait un homme réputé pour sa sagesse et son sens du bonheur. Il comparut devant le roi qui souhaitait connaître son secret.

Le roi lui demanda :

« Dis-moi, homme sage, comment fais-tu pour être heureux ?

- Je m'accepte comme je suis, je m'aime comme je suis, avec mes faiblesses, ma peur, ma tristesse, ma colère. Ainsi je suis serein et donc heureux.

-La colère, je sais ce que c'est » répliqua le roi, « mais la peur et la tristesse sont inconnues dans mon pays. »

Le sage lui demanda :

« Lorsque tu combattais avec tes guerriers, ô roi, comment te sentais tu face aux épées de l'ennemi et aux combattants qui mourraient autour de toi ?

- J 'étais en colère bien sûr !

- Contre qui ou contre quoi étais-tu en colère ?

- Contre mes ennemis évidemment !

- Pourquoi étais-tu en colère contre eux ? C'est toi qui les attaquais, ils ne faisaient que se défendre, n'est-ce pas normal ? Est-ce une raison pour être en colère contre eux ?

- Hum dit le roi, j'étais en colère parce qu'ils tuaient mes guerriers, certains étaient mes amis.

- Dans ce cas, tu étais triste de la perte de tes amis et non pas en colère.

- Mais ils étaient menaçants, ils risquaient de me tuer moi et mes proches, c'est donc normal d'être en colère !

- Tu avais donc peur ! Peur de la mort, peur de perdre des êtres chers.

Et voilà comment le roi et tous ses sujets découvrirent qu'ils avaient toujours connu la peur mais qu'ils lui donnaient un autre nom : la colère. Et qu'ils faisaient de même pour la tristesse. Et du jour où ils donnèrent leur vrai nom à leurs émotions, la joie qui avait déserté le pays réapparut en souriant.

Sens interdits, sans interdit

Un homme déprimé, blasé, avait perdu tout intérêt dans l'existence.

Un génie lui dit :

« Vois les beautés qui t'entourent, admire les merveilles de la nature, regarde ce magnifique arc-en-ciel, la richesse des couleurs, la perfection des formes de ces arbres, de ces fleurs.

- Bof, dit l'homme, c'est toujours pareil, les mêmes paysages, le même décor, une fleur est semblable à une autre fleur, un arbre est un arbre parmi d'autres ».

Instantanément, l'homme perdit la vue, puisqu'elle ne lui servait à rien.

« Entends-tu dit le génie cette douce musique, les voix mélodieuses de cette chorale?

- Bof dit l'homme, c'est monotone et ennuyeux, je n'ai jamais aimé la musique et tous ces gens qui bavardent me fatiguent avec leurs discours stupides ! » Et il perdit l'ouïe.

« Fais de l'exercice, bouge, danse, cours ! » lui suggéra le génie mais l'homme trouvait cela fatiguant et inutile, aussi perdit-il l'usage de ses jambes.

« Hé bien alors écris, partage ton expérience avec les autres, fais les rêver en leur racontant des contes » insista le génie, mais l'homme n'avait pas envie de partager, alors il perdit l'usage de sa voix et de ses mains.

Survint un moustique qui commença à le piquer, comment faire pour le chasser sans mains ? Tandis que l'homme se plaignait de ne pas avoir de mains pour chasser l'insecte, il s'aperçut qu'il pouvait à nouveau s'en servir.

Le feu se déclara à la maison, comment fuir le brasier en étant paralysé? Heureusement pour lui, à peine eut-il cette pensée qu'il retrouva l'usage de ses jambes.

Comment trouver la sortie sans voir? Ses yeux alors s'ouvrirent et il put se diriger vers la sortie. Au passage il retrouva l'ouïe et la parole et put aider d'autres personnes qui cherchaient aussi à fuir l'incendie.

Courageusement, l'homme prit ses outils et commença à rebâtir, et il n'oublia pas de remercier le génie grâce auquel il avait perdu sa maison mais retrouvé le sens de l'existence.

L'homme qui cherchait le bonheur

Il était une fois un enfant qui avait pour but dans la vie de trouver le bonheur. Quand il voyait des gens malheureux autour de lui, il se disait : « Moi, cela ne m'arrivera pas ».

Ses parents étaient pauvres, et devaient beaucoup travailler pour manger à leur faim. Ils se plaignaient souvent du manque d'argent, d'une vie de routine, sans joie. *« Moi, quand je serai grand, je ne serai pas comme eux ! »* se disait le petit garçon. Le temps passa, et le petit garçon grandit.

Il pensa qu'il fallait ne manquer de rien pour éviter d'être malheureux comme ses parents. Alors il accumula de grandes richesses qu'il ne partageait avec personne. Chaque jour, il achetait un nouvel objet de valeur : belle voiture, bijoux de prix, vêtements de luxe. Et pourtant, il ne se sentait pas heureux. Il n'avait pas encore trouvé le bonheur.

Il crut trouver le bonheur lorsqu'il devint célèbre pour ses richesses et ses talents. Désormais, où qu'il aille, des gens en grand nombre l'entouraient, lui demandait son autographe, prenait des photos de lui. Tout cela le flattait bien sûr, mais le bonheur n'était toujours pas là...

Un jour il trouva l'amour, une très belle jeune femme qu'il épousa. Elle s'enfuit avec un autre. Il se maria une deuxième fois et sa jeune épouse mourut quelques années après, le laissant inconsolable. Il eut des amis, certains le quittèrent, d'autres le trahirent. Tout cela ne rend pas heureux, mais, comment l'éviter ?

Il pensa que pour être heureux il fallait être seul, ainsi pas de risque de pleurer la perte d'un être cher, pas de danger d'être trahi. Il vécut seul, dans une magnifique maison, entouré de sa collection de tableaux. Il n'avait toujours pas trouvé le bonheur.

Alors il voulut oublier, se mit à boire, à prendre des risques au volant de sa voiture de sport. Il eut un accident et resta de longues semaines sur un lit d'hôpital. Pendant ce temps, ses admirateurs l'oublièrent et ses agents d'affaires lui volèrent sa fortune.

Alors il retourna dans la chaumière de son enfance. Quelqu'un l'habitait, un ermite souriant. Il y vivait en mangeant le fruit de son jardin et n'avait pas de plus grand bonheur dans la vie que de voir s'épanouir une rose. L'ermite l'accueillit en souriant : « Tu cherches donc le bonheur ? Il est ici.

- Ici ?

- Mais oui, je suis parfaitement heureux, et tu peux, toi aussi, l'être !

- Mais comment ?

- Tout simplement, en ne le cherchant plus, car tu l'as trouvé au fond de ton coeur. »

Pour le navire qui ne sait vers quel port il se dirige, il n'est aucun vent favorable

Sénèque

Les fruits de l'expérience

Ne dit-on pas que les singes sont intelligents ? C'est vrai qu'ils le sont, capables parfois de réagir comme des humains. La preuve :

Dans un laboratoire des chercheurs qui étudiaient la capacité de raisonnement des singes imaginèrent un test : des bananes bien mûres étaient accrochées au plafond, hors de portée du singe. Dans la pièce se trouvaient divers objets dont quelques caisses. Le singe tenta avec de multiples tactiques - mais toujours sans résultat - d'accéder aux bananes jusqu'à ce qu'il ait l'idée d'empiler les caisses sous les bananes, de monter de dessus et d'atteindre ainsi l'objet de sa convoitise.

Le soir venu, il retrouva la jeune guenon avec laquelle il partageait sa cage et lui raconta son expérience.

Le lendemain se fut au tour de la jeune guenon de faire le test des bananes. Sans hésitation elle empila les caisses, monta dessus et mangea les bananes !

La nouvelle vola de cage en cage et se répandit dans toute la communauté simiesque : pour obtenir des bananes il faut empiler les caisses.

Quelques jours plus tard, un autre singe fut amené dans la salle d'expérience mais ne tenta rien pour s'emparer des bananes, car il n'y avait pas de caisse dans la pièce.

Depuis les chercheurs sont perplexes et cherchent à comprendre pourquoi avant chaque repas les singes empilent des caisses et des cartons....

Les quatre Jean lapins

Quatre frères lapins vivaient des heures sombres : à cause d'une terrible sècheresse, plus un brin d'herbe tendre ne poussait autour de leur terrier. C'était un beau terrier, commode et spacieux, qu'ils avaient hérité de leur père, mort au printemps précédent sous la dent d'un renard. Mais à quoi bon un terrier si on y meurt de faim ! N'y tenant plus, les quatre frères décidèrent d'aller chercher ailleurs un moyen de subsister.

Ils trottèrent deux longues journées sans trouver autre chose à se mettre sous la dent que quelques herbes sèches, quand enfin ils débouchèrent dans une jolie clairière au bord d'un ruisseau. Il y avait là de l'herbe à profusion ; ce n'était pas du serpolet, moins encore de la luzerne ni de jeunes carottes, c'était une herbe fade quand d'autres temps ils auraient méprisée, mais enfin c'était l'assurance de ne pas mourir de faim..

Après avoir fait bombance, ils creusèrent à la hâte un terrier et s'endormirent blottis les uns contre les autres.

Le lendemain matin, Fonce, toujours le premier levé, vit un spectacle extraordinaire de l'autre côté du ruisseau : dans la nuit un immense champ de carottes et de luzerne avait poussé, là où la veille, il n'y avait que de la terre labourée. Il appela ses frères.

Tous les quatre décidèrent de s'installer dans ce champ.

Sans un instant d'hésitation, Fonce s'élança vers le ruisseau sans tenir compte des cris de ses frères : « Attends Fonce, le ruisseau est peut-être profond ! » lui criait Tremble. « Il doit y avoir un pont quelque part ! » ajouta Cherche. Hélas, leurs appels se perdirent et les trois frères assistèrent, désolés, à la noyade de Fonce.

Tremble décida alors de s'installer dans la clairière. C'était bien trop dangereux d'aller s'installer de l'autre côté. Tant pis pour la luzerne et les carottes, il se contenterait de l'herbe, après tout, l'herbe ce n'était pas si mal.

Cherche et Trouve se mirent à la recherche d'un endroit pour traverser. Pendant que Trouve réfléchissait au meilleur moyen d'y parvenir, Cherche commença à fureter de ci de là. Il s'arrêta près d'un bosquet de chênes verts pour discuter avec un vieil hibou, fit un brin de cour à une jolie lapine, s'arrêta les oreilles au vent pour écouter un rossignol et finit la journée le ventre vide sans avoir brouté ni herbe ni luzerne. « Bof, ça n'a pas d'importance, se dit-il, demain je me remettrai en route vers le champ de carottes, un petit jour de jeûne, ce n'est pas bien grave ! ».

Pendant ce temps, Trouve avait exploré méthodiquement le cours du ruisseau sans trouver de gué ou de passerelle. Déçu mais nullement découragé, il passa le reste de sa journée à imaginer un moyen sûr de traverser. Lui aussi dut se contenter de quelques herbes sèches pour toute nourriture. Le lendemain les deux frères recommencèrent leur exploration, Cherche en furetant de tous côtés, Trouve en réfléchissant.

Quelques jours passèrent pendant lesquels Tremble venait parfois leur rendre visite et tentait de les convaincre de se rallier à son choix. « Mieux vaut une herbe fade que pas d'herbe du tout ! Laissez donc mes frères la luzerne à de plus chanceux que nous. Nous avons la malchance d'être du mauvais côté, c'est la vie, on n'y peut rien ! »

Un matin, Trouve découvrit une grosse branche qui voguait à la dérive sur le ruisseau. La branche avait l'air pourri mais Trouve estima qu'elle pourrait lui servir de radeau. Prudemment, une patte après l'autre, il monta sur le frêle esquif. Il aurait bien aimé partir avec Cherche, mais celui-ci avait déjà disparu dans les broussailles comme à son habitude. Pas de temps d'attendre, la branche commençait à s'éloigner. Trouve s'embarqua donc seul et réussit avec effort à passer sur l'autre rive.

Cherche l'aperçut et lui cria : « Renvoie moi la branche frère, que je puisse moi aussi passer. » Hélas ! Trop tard le courant l'avait déjà emportée bien loin. Cherche désespéré contemplait le ruisseau et son frère dans le champ de carottes et de luzerne. Il dut se résigner à manger l'herbe fade en se reprochant amèrement d'avoir dispersé ses efforts.

Les solliciteurs

Un vagabond se présenta un jour à la porte d'un riche seigneur, connu pour sa générosité et sa bienveillance. Il reçut une pièce d'or.

Tout heureux, il alla raconter au village voisin sa bonne fortune. Un pauvre paysan décida de tenter sa chance à son tour. Il se présenta chez le seigneur qui lui fit donner un repas.

Le lendemain, le paysan, trouvant que solliciter était moins fatiguant que travailler la terre, retourna chez le seigneur dans l'espoir d'un nouveau repas.

« Mon ami, lui dit le seigneur, il n'est pas bon pour quelqu'un comme vous de trop manger, revenez après la récolte. »

L'oiseau aux œufs d'or

Un roi possédait dans son trésor un bien précieux : un œuf d'or pondu par l'oiseau d'or. Un jour, l'œuf fut volé et malgré les recherches on ne put le retrouver. Le roi promit alors la fortune, un titre de noblesse et de grands domaines à celui ou celle qui lui rapporterait un œuf identique. Tous les aventuriers du pays se mirent à la recherche de l'oiseau mystérieux qui pondait des œufs en or. Il vivait à plusieurs jours de marche dans une forêt profonde et pondait lorsqu'il entendait une belle musique ou un chant mélodieux

Quatre frères voulurent tenter leur chance. Ils étaient pauvres : l'aine était pêcheur, le cadet coupeur de bois, le puiné paysan et le benjamin chasseur.

L'aîné alla dans la forêt. Il chantait faux, mais pressé de devenir riche, il ne se donna pas la peine d'apprendre à chanter. Il s'installa près de l'arbre où nichait l'oiseau et chanta... Très vite, l'oiseau pondit un oeuf et s'envola.

Ravi de son rapide succès, le pêcheur alla au chateau et demanda à voir le roi auquel il offrit l'oeuf. Hélas ! l'œuf était très ordinaire, juste recouvert d'un peu de peinture dorée ; tout comme le chant était faux, l'oeuf l'était aussi ! Le roi se mit très en colère et, furieux d'avoir été dupé, il ordonna qu'on coupe la tête au pêcheur.

Le cadet à son tour alla à la recherche de l'oiseau. Arrivé près de l'arbre où perchait l'oiseau, comme il y avait beaucoup de bois mort autour de lui, il en profita pour faire des fagots tout en chantant pour charmer l'oiseau. Puis il cueillit des baies et des champignons, pour ne pas perdre son temps, toujours en fredonnant. Il dût attendre longtemps avant que l'oiseau ne ponde, car il ne mettait pas assez de coeur à son chant et l'oiseau le sentait. Au coucher du soleil, enfin, l'oiseau pondit un oeuf, le bûcheron se mit immédiatement en route vers le château et présenta l'oeuf au roi. Celui-ci, en découvrant que l'œuf, à nouveau, n'est pas en or, lui fit subir le même sort qu'au frère aîné : il lui fit couper la tête.

Le paysan, nullement découragé par le destin tragique de ses deux frères, alla à son tour dans la forêt. Comme il avait une très belle voix, il prit son temps et chanta ses plus belles mélodies à l'oiseau qui très vite pondit un oeuf .

« Pourquoi ne pas continuer et obtenir d'autres œufs en or ? » se dit le paysan. « J'en donnerai un au roi et garderai les autres. »

Ainsi fit il. A la fin du jour, il avait ainsi obtenu 3 oeufs et tout heureux alla trouver le roi auquel il offrit le dernier oeuf pondu. Hélas ! ce n'était que du cuivre et le roi, furieux, ordonna de lui couper la tête. Le paysan, affolé, offrit les autres œufs pour sauver sa vie.

« Tu as voulu pour toi ce qui m'appartenait » dit le roi, « très bien, puisque tu m'as malgré tout apporté un œuf d'or, j'épargnerai ta vie ! Retourne à ton champ et ne parais plus jamais devant moi ».

Le paysan ne savait pas que l'oiseau ne pondait qu'un seul œuf d'or par jour...

Le benjamin des quatre frères en voyant revenir son frêre sans richesse et sans titre réfléchit et se dit :

« Mes frères ont péri parce qu'ils étaient trop pressés, voulaient faire trop de choses en même temps ou étaient trop avides. Evitons de faire les mêmes erreurs. » Et il partit pour trouver l'oiseau.

Comme il ne savait pas chanter mais qu'il jouait très bien du luth, il s'installa sous l'arbre où perchait l'oiseau et joua d'admirables mélodies. Puis il fut gagné par un sommeil profond et rêva que l'oiseau pondait un œuf d'or, qu'il le portait au roi ; qu'il devenait un seigneur riche et puissant et que le roi déclarait la guerre à son voisin : il se vit chevalier, sur le champ de bataille où il périt avec honneur. Réveillé en sursaut, il s'aperçut que l'oiseau s'était posé près de lui et avait pondu un œuf.

« Tu m'as charmé par ta musique » lui dit l'oiseau, « alors voici l'œuf que tu es venu chercher. Sache cependant que ton rêve deviendra réalité. A toi de savoir si c'est bien le destin que tu souhaites » et il s'envola.

Le chasseur réfléchit un moment puis décida que rien ne valait mieux que la vie : il prit l'œuf et quitta le pays pour aller s'établir ailleurs.

Histoires de possibles....

Le sultan de Perse condamna deux hommes à mort. L'un d'eux, connaissant l'affection du sultan pour son étalon, promit d'apprendre au cheval à voler en moins d'un an si on lui laissait la vie sauve. Le sultan, qui se voyait déjà monter le seul cheval volant du monde, accepta. L'autre condamné, résigné à son sort, lui dit : « Tu sais bien que les chevaux ne volent pas ! Ou as-tu trouvé une idée aussi stupide ? Tu ne fais que reculer l'inévitable »

« Tu te trompes » lui répondit le premier, « en fait, je me suis laissé quatre possibilités au lieu d'aller à une mort certaine. D'abord, le sultan peut mourir dans l'année. Ensuite, moi aussi je pourrais fort bien mourir et en troisième lieu, le cheval lui aussi pourrait mourir.

- Et la quatrième possibilité ?

- C'est je j'apprenne réellement au cheval à voler ! »

Au début du XVIe siècle, à Florence, le maire de la ville fit appeler les plus grands sculpteurs de l'époque, dont Léonard de Vinci, pour sculpter un énorme bloc de marbre qu'un sculpteur maladroit avait endommagé. Tous les artistes consultés furent d'accord pour dire que la pierre était gâchée, qu'on ne pouvait rien en tirer. En dernier recours, Michel-Ange fut appelé à Florence pour sauver ce marbre magnifique. Michel-Ange vint, examina le marbre, et affirma qu'il pourrait en faire quelque chose à condition d'adapter la pose du personnage à la forme du marbre. Il choisit de sculpter la pierre de manière très peu conventionnelle : ce fut le jeune David à la fronde, une des oeuvres maîtresse de l'artiste....

Pierre-Augustin Caron, plus connu sous le nom de Beaumarchais créateur du personnage de Figaro, avait commencé sa vie comme horloger, le métier de son père. Devenu à 20 ans horloger du roi, il fit ensuite carrière comme diplomate, agent secret, homme d'affaires et auteur dramatique. A la fin de sa vie, devenu riche et très célèbre, il se promenait un jour dans le quartier de son enfance et entra dans la boutique d'horloger qui avait été celle de son père. Un jeune apprenti était en train de démonter une montre. Beaumarchais lui raconta sa vie.

« Je crois que vous vous moquez ou alors vous êtes fou ! La richesse, la fortune, l'aventure, ce n'est pas pour les horlogers ! » lui dit le jeune homme

« Alors, tu ne seras jamais qu'un horloger » conclut Beaumarchais.

Le cyclone

Un homme, un jour, acheta une grande et belle maison, confortable et bien protégée des voleurs et des indiscrets : petites fenêtres à barreaux et haute clôture électrifiée. Peu curieux de nature, il s'installa dans sa maison sans la visiter de la cave au grenier, pourquoi d'ailleurs aller explorer la cave ou le grenier, on n'y vit pas n'est ce pas ?

L'aménagement terminé il convia toutes ses connaissances et ses relations à une pendaison de crémaillère, personne ne vint...

Peu après un violent cyclone s'abattit sur la maison, emportant le toit et brisant des poutres qui défoncèrent le plancher. Le propriétaire était furieux de ces dégâts jusqu'au moment où il découvrit des trésors jusque là enfouis dans la cave et entassés dans le grenier : bijoux, pièces d'or, objets d'art, meubles de prix ; tout cela dormait dans la cave et le grenier que l'homme n'avait jamais eu la curiosité d'explorer.

L'idée lui vint alors d'utiliser ces richesses pour réparer et embellir la maison : il fit construire une vaste terrasse sur le toit, percer de grandes baies vitrées pour faire entrer la lumière, aménagea le jardin et disposa dans chaque pièce de la vaste demeure des objets d'art et des meubles luxueux.

Puis il fit planter une haie de fleurs pour remplacer la haute clôture électrifiée. Content de ces aménagements, il organisa une seconde pendaison de crémaillère : ce fut un succès, toutes les personnes invitées se pressèrent pour admirer la maison et le jardin.

Si tu es troublé par quelque objet extérieur, ce n'est pourtant pas cet objet qui te trouble, c'est l'idée que tu en as; et il dépend de toi de l'effacer.

Marc-Aurèle

Les serviteurs du roi malade

Le roi était malade. Tous les médecins du pays furent appelés en consultation. Ils furent unanimes. Le remède au mal qui touchait le roi était une potion composée du champignon d'écorce d'arbre, du bouton d'or à fleur double et d'une pierre de lapis sans défaut. Aussitôt le roi fit appeler l'un après l'autre ses trois plus proches serviteurs et chargea chacun d'entre eux de trouver un ingrédient.

Le premier serviteur alla dans la forêt pour trouver le champignon d'écorce d'arbre. Il savait que ce champignon poussait surtout sur l'écorce des chênes, il chercha donc sur chaque chêne un champignon mais n'en trouva aucun. Il vit au passage le bouton d'or à fleur double qui poussait dans une clairière au pied du plus vieux chêne de la forêt. « Ce n'est pas mon affaire » pensa-t-il, « un autre serviteur s'en chargera. »

Et il continua à chercher en vain le champignon d'écorce d'arbre.

Le deuxième serviteur alla dans la prairie qui s'étendait au bord de la rivière ; aussitôt arrivé, il constata, découragé, qu'il y avait un nombre incalculable de boutons d'or. « Comment pourrais-je trouver un bouton d'or à fleur double dans cette immensité ? Autant chercher une aiguille dans une meule de foin ! » et il fit demi-tour pour aller rendre compte de son échec.

Le troisième serviteur alla dans une carrière, très loin du château, pour trouver la pierre de lapis sans défaut. Chemin faisant il rencontra un vieil homme. Celui-ci lui demanda ce qu'il cherchait dans cet endroit isolé.

« Le roi est malade et je suis à la recherche d'une pierre de lapis en défaut pour composer la potion qui le guérira. »

Le vieux homme lui dit alors :

« Je connais cette potion. Il y faut trois ingrédients, la pierre que tu cherches, un bouton d'or à fleur double et un champignon d'écorce d'arbre ».

- Le roi m'a simplement demandé de rapporter une pierre de lapis sans défaut, je pense qu'il a déjà les autres ingrédients ! »

- En es tu sûr ? » Le serviteur admit qu'il n'en savait rien. Il se souvint alors d'avoir vu un champignon sur l'écorce d'un bouleau au bord du chemin.

« Je ne risque rien à la prendre, des fois que l'autre serviteur n'en ait pas trouvé ! » se dit-il. Et il demanda au vieil homme s'il savait où trouver un bouton d'or à fleur double. « Tiens, prends celui-là, je l'ai cueilli ce matin »

- Comment as-tu fait pour trouver cette fleur au milieu de tant d'autres ? »

- En gardant les yeux ouverts. Je ne cherchais pas particulièrement cette fleur, mais sachant qu'elle est précieuse, je l'ai cueilli puisqu'elle était sur mon chemin ».

Le troisième serviteur retourna au château avec les trois ingrédients, et le roi fut guéri.

Nous avons plus de force que de volonté; et c'est souvent pour nous excuser à nous-même que nous nous imaginons que les choses sont impossibles.

La Rochefoucault - Maximes

Les anges ne se marient pas !

Une jeune marée de retour de son voyage de noce exprimait sa déception à sa mère :

« Maman, mon mari passe tous ses samedis à regarder le foot à la télévision

-Préférerais-tu qu'il sorte avec ses copains pour aller au stade ?

- Mais non, bien sûr, je voudrais que nous parlions !

-Et de quoi voudrais tu parler ?

- Je ne sais pas moi !

-Alors c'est impossible » conclut la mère

« Mais maman, c'est comme s'il ne s'intéressait pas à moi, jamais une question, jamais il ne demande ce que j'ai fait dans la journée, où je suis allée....

- Il te fait confiance !

-Mais il veut toujours se mêler de ce que je fais, à tourner autour de moi quand je fais la cuisine

-C'est un homme d'intérieur qui participe aux tâches ménagères

- Il fait des plans pour tout : le week end, les achats, les sorties, le budget, les vacances...

- Il est prévoyant et organisé, il en faut un dans un ménage.

- Maman, tu ne veux pas me comprendre !

- Mais si ma chérie, j'ai parfaitement compris : tu es déçue par ton mari. Tu as cru épouser un ange, c'est là ton erreur, car les anges ne se marient pas ! »

Le torrent

Dans une vallée de montagne existe un village prospère, un petit coin de paradis. La terre est fertile à cause d'un volcan proche, le climat enchanteur, les paysages splendides et une très jolie et paisible rivière coule au fond de la vallée. Les habitants de ce village jouissent d'une très bonne santé et même deviennent très vieux car ils ne craignent ni les bêtes sauvages ni les calamnités naturelles. Bref, tout est pour le mieux dans ce village et aucun habitant n'aurait l'idée d'aller chercher fortune ailleurs !

Il n'en a pas toujours été ainsi ; jadis un torrent aussi furieux qu'imprévisible dévastait souvent la vallée, emportant tout sur son passage, détruisant les cultures, les maisons, le bétail et faisant souvent des victimes parmi les habitants. Ceux ci avaient bien tenté d'endiguer le torrent en construisant des barrages mais la force des eaux était telle qu'elle emportait les murs aussi facilement que des bottes de paille, et même l'eau faisait encore plus de dégâts en transportant les pierres arrachées aux barrages. Ils avaient alors cherché à protéger leurs champs et leurs maisons en les plaçant sur les flancs de la montagne, loin de l'atteinte du torrent, mais l'eau était la plus forte : elle sapait les fondations et les maisons s'effondraient et les champs étaient emportés par le courant.

En fin de compte, les habitants du village se résignèrent à contre-coeur à déménager, à quitter cette agréable vallée pour s'éloigner du torrent ; il était bien trop imprévisible, il n'était plus possible de vivre à proximité sans savoir à quel moment l'eau allait dévaler la vallée.

Un jeune paysan ingénieux et curieux eut alors l'idée de *cherch*-er à comprendre la cause de ce phénomène ; qu'est-ce qui déclenchait le torrent ? *Comment* le prévoir, modifier son cours ou encore apaiser les eaux dévastatrices ? Pour cela, après avoir écouté parler les anciens du village, il demanda la parole pour *exposer calmement son/ton point de vue*. « Avant de prendre la décision de partir, je propose d'aller voir ce qu'il y a.au coeur de la montagne, là où le torrent prend sa source. » Les anciens acceptèrent sa proposition.

Il se met donc en marche, déterminé à comprendre ce qui se passe, là-bas au coeur de la montagne. Il *respire calmement* l'air pur, de plus en plus frais et pur au fur et à mesure qu'il s'enfonce dans la profondeur de la montagne. Arrivé à la source du torrent, tout près du volcan, il voit un lac. Il lui semble que de cet endroit, il peut *pren*-dre *du recul, réfléchi*-r *sereinement* ; il peut apercevoir toute la vallée à ses pieds, son village, les champs alentour, tout petits, si lointains.

Il observe l'eau du lac, elle est brûlante et bouillonne à cause de la chaleur du volcan. L'eau ne peut pas s'échapper du lac car le volcan a bloqué le chemin de la vallée avec de gros rochers noirs. Le jeune paysan voit alors l'origine du problème : l'eau s'accumule de plus en plus dans le lac jusqu'à ce qu'elle déborde et renverse avec violence les rochers qui la retiennent. Plus elle descend dans la vallée, plus elle prend de la force et de la vitesse et se transforme en ce dangereux torrent qui détruit et *tue* sur son passage.

Le jeune paysan réfléchit et comprend qu'il *peut changer* cela. Il *imagine un système* de canaux *pour* permettre à l'eau de s'écouler régulièrement, ainsi elle ne pourra plus déborder de façon in*contrôlée*.

De retour au village, il explique ce qu'il a vu et fait un dessin de son projet de canaux. *Tous les* hommes du village, avec beaucoup d'*émotion* et d'enthousiasme décident de mettre en oeuvre le projet tout de suite. Ils se mettent en route avec des pelles, des pioches et tout ce qu'il faut pour transformer le paysage. Ils travaillent de l'aube jusqu'à la nuit, creusant et creusant encore plusieurs canaux pour permettre à l'eau de s'écouler dans différentes directions, calmement. Ils consultent régulièrement les plans pour s'assurer que le travail *est* pareil à l'image de leur projet. Puis, ils décident de construire une canalisation sous les pierres rejetées par le volcan, ainsi l'eau *trouve*-ra *toujours un chemin sûr* vers la vallée *et* pourra être *bienfaisan*-te *pour* les cultures.

Le travail accompli et de retour au village, les habitants se demandent comment l'eau va *réagir* à ces travaux qui ont modifié son cours ; une jolie rivière d'eau claire coule *paisiblement* au fond de la vallée ils *constatent avec joie ce changement*. Et depuis ce jour le village est prospère et les habitants peuvent vivre en paix.

Et le jeune paysan curieux et ingénieux qu'est-il devenu ? On dit qu'il voyage pour apprendre à d'autres villageois comment canaliser des eaux trop turbulantes.

Entre changer de point de vue ou démontrer qu'il n'est pas nécessaire de le faire, la majorité préfère s'engager dans la démonstration.

John Kenneth Galbraith

Les crayons de couleur

Un petit garçon regarde les photos de ses amis. Ils sont loin, il est triste, il a dû les quitter car il a changé de maison depuis quelques semaines. Et depuis, tout lui semble gris, triste, morne. Même les photos sont en noir et blanc, sans vie, juste quelques visages sur du papier glacé.

Tout à coup, une idée lui vient. « Et si je coloriais les photos ? » Alors il prend sa boîte de peintures et ajoute des couleurs à ces photos, dessine le soleil, et il lui semble qu'autour de lui le ciel devient bleu, le soleil brille.

« Ajoutons quelques fleurs et quelques oiseaux à ces photos » décide le petit garçon et aussitôt des fleurs apparaissent dans le jardin et un petit oiseau vient se poser sur l'appui de la fenêtre. Le petit garçon ouvre la fenêtre et dépose des miettes de pain. Pour le remercier le petit oiseau commence à chanter et l'enfant se sent le coeur plus joyeux.

« Oui, de la musique c'est joli » pense le petit garçon et alors qu'il imagine une jolie musique pour accompagner les photos, un guitariste commence à chanter sous la fenêtre.

« Peut-être même que je pourrais sentir le parfum des fleurs, juste en fermant les yeux ? » se demande le petit garçon. Et au même instant une bonne odeur de gâteau qui sort du four de la cuisine finit de dissiper sa tristesse.

Alors le petit garçon prend sa boîte de peintures et va l'offrir à sa petite sœur pour qu'elle aussi puisse elle colorer ses souvenirs et retrouver le sourire.

Les trois tamis de Socrate

Un jour, quelqu'un vint voir Socrate et lui dit : « Ecoute Socrate, il faut que je te raconte comment ton ami s'est conduit.

- Arrête ! Interrompit l'homme sage. As tu passé ce que tu as à me dire à travers les trois tamis ?

- Trois tamis ? dit l'autre, empli d'étonnement.

- Oui, mon bon ami : trois tamis. Examinons si ce que tu a as à me dire peut passer par les trois tamis. Le premier est de celui de la Vérité. As tu contrôlé si ce que tu as à me dire est vrai ?

- Non; je l'ai entendu raconter, et ...

- Bien, bien. Mais assurément, tu l'as fait passer à travers le deuxième tamis. C'est celui de la Bonté. Ce que tu veux me dire, si ce n'est pas tout à fait vrai, est-ce au moins quelque chose de bon ? »

Hésitant, l'autre répondit : « non, ce n'est pas quelque chose de bon, au contraire »

« Hum, dit le Sage, essayons de nous servir du troisième tamis. Est-il utile de me raconter ce que tu as à me dire ?

- Utile ? Pas précisément.

- Eh bien, dit Socrate en souriant, si ce que tu as à me dire n'est ni vrai, ni bon, ni utile, je préfère ne pas le savoir, et quant à toi, je te conseille de l'oublier ... »

Jeannot lapin retrouve son terrier

Jeannot Lapin et sa famille broutaient paisiblement dans une clairière un beau matin d'été. L'herbe était tendre, les oiseaux chantaient, le soleil brillait dans un beau ciel bleu, et Papa lapin se disait : « *Tout va bien*, profitons de cette belle journée. »

Tout à coup, la famille Lapin *entend la voix* des chiens et des bruits de pas : des chasseurs approchent. Jeannot Lapin *écoute* pendant que toute sa famille s'enfuit à à toute vitesse dans toutes les directions : les uns vont à droite, les autres à gauche, au nord, au sud.

Jusque là jamais Jeannot n'avait jamais vu de chasseurs ; sa maman lui avait bien appris qu'il fallait se méfier des chasseurs, qu'ils avaient de grands batons en fer qui faisaient du bruit et du feu, qu'ils avaient aussi des chiens qui mordaient, mais Jeannot pensait que *c'était* juste des *histoires* que maman lapin racontait *pour le (te) protéger* et l'empêcher d'aller seul dans la forêt.

Les chasseurs approchent et Jeannot ne sait pas quoi faire. Il se fait tout petit en se disant : « *Ce que tu veux c'est* que les chiens ne te remarquent pas ! Alors, reste immobile derrière un tronc d'arbre sans *parler* et *tu* attends ». Heureusement, les chiens poursuivent un autre animal et ne font pas attention à lui...

A présent que les chiens sont partis, Jeannot ne sait pas *retrouver facilement* le chemin du terrier...

Comment demander sa route ? Quel chemin choisir ? Autour de lui, il n'y *a* personne, il est tout seul. Sans sa maman, son papa, ses grands frères, des voisins et même Madame Longues oreilles, sa maîtresse d'école (car les petits lapins vont aussi à l'école !), ses camarades, *tout le monde* est ailleurs ....

Le soleil commençait à baisser et la nuit *approche : il faut se mettre en route, choisir un chemin, prendre une décision*. Jeannot n'est pas *très rassuré*, il *choisit* d'aller à droite, de suivre un petit ruisseau. C'est, peut-être, le même ruisseau que celui qui passe tout près du terrier ? Au bout de quelques pas, le sentier disparaît dans l'herbe, Jeannot à nouveau doit décider : revenir sur ses pas ou marcher dans le ruisseau. *Avec courage*, il choisit de marcher dans le ruisseau. L'eau est fraîche et pas très propre : il y a de la boue, des petits cailloux qui lui coupent les pattes, des herbes qui s'enroulent autour de ses pattes et l'empêchent d'avancer.

Jeannot *écarte* les herbes, *rejette* les cailloux, *tout ce qui l'empêche d'avancer, d'être libre*. De temps en temps, quand il rencontre un petit poisson ou une grenouille, il dit « Bonjour » car sa maman lui a appris qu'il faut dire bonjour aux gens que l'on rencontre.

A un moment, il arrive devant un gros rocher qui bloque le ruisseau. Jeannot se dit « *Tu peux le faire, sois prudent et vas-y !* » Il réunit toutes ses forces pour enlever le rocher, le pousser sur le côté pour libérer l'eau qui finit par couler librement, emportant avec elle la boue et les herbes. Au bout d'un moment, l'eau était devenue claire et propre, et le petit ruisseau fait un joli bruit, comme pour dire à Jeannot lapin *« Merci, tu as bien travaillé !* Grâce à toi maintenant je vais *pouvoir chanter librement* et mon eau sera claire et pure. *Bravo ! Bravo !* » Et les petits oiseaux dans les branches des arbres disent eux aussi : *« Bravo, tu as bien travaillé, continue et tu arriveras là où tu veux aller ».*

Encouragé par les oiseaux et le ruisseau, Jeannot lapin continue son chemin. A présent il peut marcher sur un sentier en terre. Il ne connait pas cet endroit et la nuit approche ... il se rassure en se parlant tout bas, il *répète* ce que lui ont dit les oiseaux « *tu peux le faire, chaque fois que tu le souhaites.* »

Et voilà que soudain, devant lui, se dresse un énorme animal tout noir : il a de grandes oreilles, de grandes pattes et il lui barre le chemin. Que faire ? Jeannot lapin décide de reculer, en espérant que l'animal noir ne le verra pas. Dès qu'il bouge, l'animal le suit. Jeannot aimerait bien que sa maman ou son papa soient avec lui pour le protéger, lui dire ce qu'il doit faire, mais il est seul. « N'aies pas peur » lui murmurent les petits oiseaux *« vas y, avance ! »* Et Jeannot lapin *avance, courageusement,* et ho surprise ! dès qu'il avance vers l'animal, celui-ci recule. « Tu vois » disent les petits oiseaux, « ce n'est que ton ombre »... Et Jeannot lapin continue son chemin.

Il arrive enfin devant une clairière, plusieurs sentiers partent de la clairière. Encore une fois, lequel choisir ? « *Ecoute ton cœur* » chantent les petits oiseaux. « *Choisis celui que tu préfères* » dit un vieux hibou, « *c'est le bon chemin celui qui fait plaisir* ». Jeannot décide d'aller à gauche et tout à coup reconnaît l'endroit : le terrier de sa famille est tout près ! Tout heureux il court et arrive, juste au moment où la nuit tombe devant son terrier où il retrouve, sains et saufs, tous les membres de sa famille. « Tu as su retrouver tout seul le chemin, *je suis fier de toi* » dit papa lapin.

Et depuis ce jour, Jeannot lapin a la permission d'aller seul dans la forêt. Il retrouve ses amis les oiseaux qui lui apprennent à chanter, il joue avec le ruisseau et bavarde avec plein de nouveaux amis qui habitent la forêt. On dit aussi qu'il aime beaucoup jouer avec son ombre....

Le lion et le singe

Un lion se promenait un soir dans la savane. Il avait faim car il avait en vain cherché une proie toute la journée et ses lionnes elles aussi étaient revenues bredouilles de leur chasse. Soudain, il découvrit un campement de touristes déserté : les humains étaient apparemment allés, eux aussi, chasser avec leurs appareils photos. Un singe qui se trouvait là, était en train de déguster graines, noix et paquets de gâteaux qu'il avait soigneusement ouverts après avoir exploré le contenu des caisses et des glacières du campement.

« Il y a aussi de la viande» dit le singe au lion, « plein de viande dans les caisses celles qui sont remplies de glace ». « Formidable ! Donne moi un coup de main pour que je puisse moi aussi manger !» dit le lion

Prudemment, le singe bondit en haut d'un arbre avant de répliquer moqueur :

« Moi, je sais comment ouvrir ces caisses, mais cela ne servirait à rien que je te montre car tu n'as pas de mains !

- Je ne te demande pas de m'apprendre mais de les ouvrir pour moi » répliqua le lion mécontent

« C'est toi qui as un problème : la faim ; Alors c'est à toi de trouver la solution pour le régler » conclut le singe en s'enfuyant, car il ne fait pas bon pour un singe se moquer d'un lion.

Le lion entra dans une violente colère et torturé par la faim s'en prit aux glacières qu'il renversa, secoua, brisa dans sa rage... et il put ainsi manger la viande qui y était contenue.

Les trois fils du drapier

Un riche drapier fut un jour condamné à mort à la suite d'une dénonciation calomnieuse ; tous ses biens furent saisis et ces trois fils durent quitter la ville et autorisés à emporter avec eux seulement ce qu'ils pourraient « porter sur leur dos ».

L'aîné choisit d'emporter un sac de sel car c'était alors un bien aussi précieux que l'or ; le cadet prit autant de rouleaux de draps précieux qu'il put en porter et de benjamin emporta seulement un petit portrait de ses parents dans un cadre en or. Puis les trois frères se mirent en route vers la ville voisine pour y refaire leur vie.

Sur la route, un violent orage éclata et les frères ne trouvèrent aucun endroit pour se mettre à l'abri : le sel se mit à fondre et les draps furent trempés par la pluie. L'aîne vit ainsi fondre impuissant ce qu'il avait pu sauver de son héritage.

C'était jour de marché à la ville voisine et le cadet tentait en vain de vendre ses draps lorsqu'un riche drapier s'arrêta devant son étal. « Mon jeune ami, ces draps sont gâtés vous n'en tirerez rien. »

Le benjamin tenta alors de vendre le cadre d'or qui entourait le portrait de ses parents : « C'est mon seul bien, et il me faut bien vivre ! ». Reconnaissant dans le portrait un de ses chers amis, le drapier s'informa de ce qui leur était arrivé. « Ne vous inquiétez pas, j'ai besoin de commis dans mon magasin et je sais que vous serez de bons employés car votre père était un marchand avisé et je ne doute pas qu'il vous ai transmis son savoir-faire ».

Les pèlerins

A l'entrée d'un village, un vieux sage se reposait près d'un puits. Arrive un pèlerin qui veut s'installer dans le village. Il demande au vieux :

« Dis-moi comment sont les gens de ton village. J'aimerais bien m'installer ici. Où j'étais avant, les gens sont méchants et médisants. C'est pourquoi je suis parti.

- Les gens sont les mêmes ici », répond le sage. Et le pèlerin passe sa route.

Arrive un second pèlerin.

« Comment sont les gens de ton village ? demande-t-il à son tour au vieux sage.

- Comment étaient les gens que tu as côtoyés jusque là ?

- Très gentils et serviables. J'ai eu de la peine à les quitter.

- Les gens sont les mêmes ici. »

Un jeune du village a assisté aux conversations.

« Je ne comprends pas, dit-il au sage, à l'un tu dis que les gens sont méchants, à l'autre qu'ils sont bons. »

Et le sage répond : « Les gens sont comme nous les voyons ! »

Les caravaniers

Au lever du soleil, passe une caravane dans le désert de sable. Parmi les caravaniers se trouve un petit garçon qui tente de marcher au même pas que son père et qui l'écoute raconter de merveilleuses histoires sur le désert, les génies qui le peuplent, le grand lac salé vers lequel ils se dirigent.

Le soleil monte dans le ciel, c'est le milieu de la matinée. Il fait chaud près du lac salé. Le fils du chef de caravane cherche à convaincre son père de se reposer avant de charger les drmadaires de leur cargaison de sel. Le père lui, a hâte d'en finir pour s'éloigner de cet endroit brûlant où pas un arbre ne pousse. Le jeune homme est contrarié car il estime que son père a tort ; le ton monte et il décide de partir de son côté avec d'autres jeunes gens qui veulent le suivre. Ils partagent les bêtes de somme et chacun va de son côté.

A midi, près d'un puits presque à sec un jeune chef de caravane s'inquiète du peu d'eau et ne sait pas quelle décision prendre. Passe un vieux chamelier qui lui indique une piste au bout de laquelle se trouve un autre puits. Le jeune chef de caravane décide de suivre son conseil, remercie le vieil homme et reprend sa route.

Au coucher du soleil, près d'un point d'eau, deux caravanes arrivent pour la halte de nuit. Un jeune chamelier reconnait dans le chef de l'autre caravane un vieil oncle, jadis parti du cercle familial. Ils ont plein d'expériences à partager et autour du feu se racontent leurs vies. C'est la période de la plus grande sècheresse de l'année, les voyages sont dangereux et éprouvants. Autour du feu, les deux caravaniers décident de joindre leurs efforts et de faire route ensemble.

Histoire du petit nuage qui ne savait pas faire pluie-pluie

Il était une fois une famille de cumulo-nimbus qui était célèbre dans le monde des nuages pour sa capacité à pleuvoir et à neiger. C'était une tradition familiale depuis des générations d'être de puissants nuages. Grand-père strato-cumulus avait participé à de nombreuses tempêtes tropicales au dessus du Pacifique et chaque année encore il produisait d'abondantes chutes de neige sur les sommets de la Nouvelle-Zélande. Son fils lui aussi était capable de jeter des éclairs quand il bousculait un autre cumulus. Bref, tous les membres de la famille étaient gros, sombres et redoutés des météorologues qui savaient que leur présence signifiait orages, tempêtes et même cyclones.

Pourtant dans cette famille, le petit dernier n'était pas comme ses frères et soeurs ; petit Cumulus était le seul à ne pas savoir faire pluie-pluie. A son âge ses frères et soeurs avaient déjà participé à des tempêtes et savaient déclencher la foudre. Petit Cumulus avait beau faire des efforts... rien... ou si peu de chose : quelques gouttes de rosée les jours d'été.

Ses frères et soeurs se moquaient de lui « Tu es nul ! » ricanaient-ils. Grand père strato-cumulus prédisait qu'il serait la honte de la famille. Son père cumulo-nimbus le regardait souvent d'un air triste en soupirant, il ne disait rien... mais petit Cumulus savait bien ce qu'il pensait. Sa mère cherchait à le défendre « Il est si jeune encore.... il faut l'aider, lui laisser du temps... » et elle répétait encore et encore à petit Cumulus comment faire pour pleuvoir. Petit Cumulus aurait tant voulu lui faire plaisir ; alors encore et encore il faisait tous ses efforts pour ressembler à ses frères et soeurs et, quand, épuisé de ne pas y parvenir il devenait tout triste, maman Nimbus le consolait en faisant tomber quelques gouttes de pluie en cachette pour l'encourager.

Un matin d'hiver une nouvelle se répandit parmi les nuages : un grand concours allait avoir lieu pour désigner le plus puissant des nuages. Tous les nuages pouvaient participer pour montrer leur force. Toute la famille cumulo-nimbus se mit en route vers une haute montagne, lieu du rassemblement. Toute la famille sauf - bien sûr - petit Cumulus. Il était tellement convaincu qu'il était incapable de concourir qu'il s'était blotti dans un coin derrière un gros rocher pour ne pas se faire remarquer. Sa mère lui conseilla d'attendre sagement leur retour : « C'est trop dur pour toi - peut-être plus tard, une autre fois, quand tu seras grand *tu* pourras participer »

Et le voilà, tout seul, à se répéter que jamais il ne serait *à la hauteur*, qu'il ne *mérite* pas *l'estime* des siens, *l'amour* de ses parents. Il est si triste qu'il *décide d'*en finir : « Je vais *aller vers le soleil* et fondre.... *Voilà*, comme cela j'aurai *la solution* à mon problème. J'aurais bien aimé pourtant *être sûr de soi, joyeux*, curieux de tout, savoir se faire des amis, *être fier de sa réussite...* »

En route petit Cumulus croise une petit nuage rose et blanc, très élégant avec ses bordures dorées par le soleil. Le petit nuage blanc et rose joue à cache-cache avec le soleil et tourbillonne avec entrain.

« Comme j'aimerais être comme lui » pense petit Cumulus, mais, se jugeant sans intérêt, il décide de s'assombrir et de passer son chemin. Le nuage rose et blanc l'a aperçu et fonce gentiment sur lui : « Hello ! *Tu* viens jouer avec moi ?

- Je ne *sais* pas jouer » répond petit Cumulus d'un air renfrogné. « Je suis destiné à pleuvoir et à neiger, c'est *très* sérieux ! »

Le nuage rose et blanc tourbillonne sur lui-même - c'est comme cela que les nuages rient - et reprend :

« Tu veux dire que tu es un cumulo-nimbus, ceux qui apportent l'orage et la tempête ?

- Oui, comme toute ma famille... du moins, c'est ce que je dois être... mais je n'y arrive pas vraiment *bien*. Mon grand-père dit que je suis *le* déshonneur de la famille.

- Pauve petit... au fait, quel est ton nom ? Moi c'est Cumulia

- Petit Cumulus

- Pauvre petit Cumulus... Tu as vraiment envie de *faire* pluie-pluie ? D'être un grand gros cumulo-nimbus tout noir ?

- Bein... à vrai dire, je préfèrerais être comme toi. *Tu es* si jolie. Mais je n'ai pas le droit, ce serait mal vis-à-vis de ma famille !

- Regarde-toi là sur la surface de ce lac » dit Cumulia. « Que vois-tu ?

- Deux petits nuages roses et blancs. Ho ! Par exemple ; nous sommes *pareils* !

- *Ha* oui, ce-la prouves que tu es un cumulus de beau temps comme moi *que tu admires*. Pas étonnant que tu n'arrives pas à pleuvoir !

- Et que font les cumulus de beau temps ?

- Ils annoncent le beau temps pardi ! Et laissent quelques gouttes de rosée sur les fleurs les matins d'été pour les rendre plus belles et plus brillantes. Le reste du temps nous jouons. Veux-tu que je te montre comment faire ?

- Ho oui ! »

Et petit Cumulus *observe attentivement* Cumulia, comment elle bouge, se déplace, joue, fait avec les autres, et il *apprend* sans effort... il lui semble qu'il a toujours su le faire, *facilement*. Il *regarde encore et encore* Cumulia et *apprend* tous ses mouvements. Elle *a* un si grande aisance, elle sait qu'elle sait *faire très bien toutes ces choses*.

Au bout d'un moment, n'y tenant plus, petit Cumulus la rejoint et joue avec elle. Il fait exactement comme elle et comme il est un peu plus petit il fait bien attention à rester à la bonne distance du soleil, un peu plus loin que Cumulia ; bientôt il invente un nouveau jeu : se rouler en boule et foncer sur un autre nuage comme s'il était un ballon. C'est super, il se sent *fier et heureux*.

Tout à coup, il pense à sa famille : « Que vont dire mes parents ? » se demande-t-il. Cumulia le rassure : « Peut-être au début ils ne comprendront pas ce que tu es. *Reste confiant*... et tout ira bien. Tiens prend ceci et chaque fois que tu le regarderas tu retrouveras suffisamment de confiance en toi et de fierté pour être ce que tu es ». L'histoire ne dit pas ce que Cumulia a donné à petit Cumulus, mais on raconte qu'elle avait pris un petit bout de sa bordure et l'avait transformé en un joli coeur doré...

Petit Cumulus et si heureux, si confiant ; il veut *garder* en lui *cette merveilleuse sensation* et prend le cadeau de Cumulia et le serre sur son coeur pour le garder *toujours* avec lui.

De retour du concours toute la famille cumulo-nimbus réagit à la transformation de petit Cumulus ; Il ose maintenant être rose et blanc, déposer de la rosée sur les fleurs et jouer à cache-cache avec le soleil. Sa mère lui dit « Je t'aime tel que tu es ! » Son père lui dit : « Tu as tort mon fils, écoute mon conseil ». Ses frères se moquent de lui « tu es ridicule en rose et blanc », le grand-père devient noir et hoche la tête d'un air désapprobateur ; seule sa soeur ainée le félicite pour sa décision. Face aux critiques et aux remarques, petit Cumulus est tenté de reprendre sa couleur grise et d'essayer d'être comme tous les membres de la famille, et puis il re*trouve* dans son coeur le cadeau de Cumulia... et redevient heureux et confiant : « C'est ma *vocation* d'être un cumulus de beau temps . Et je serai *le meilleur de tous* ! »

Hauteur, recul et perspective

La madédiction des rosiers

Un horticulteur se désolait de ne pas voir fleurir ses rosiers. Ils faisaient de jolies boutons, mais mystérieusement le lendemain, alors que les roses auraient dû fleurir, les boutons avaient presque tous disparus. C'était peut-être une maladie ? Malgré les soins, les remèdes et les engrais les meilleurs le problème était toujours là. Peut-être la terre ne convenait pas aux rosiers ? Mais l'apport de terreau, de sable et autres ingrédients ne réussit pas à faire fleurir les boutons de rose. L'horticuluteur, ne voyant pas d'où pouvait venir le problème en conclut qu'il était l'objet d'un mauvais sort et continua à contempler, désolé, son jardin sans même jeter un regard sur celui de son voisin qui lui produisait de très grandes quantités de roses. Il est vrai qu'il faisait deux récoltes...

La poule et l'oiseau

Une poule qui cherchait l'aventure voulait quitter son poulailler. Depuis l'aube elle s'obstinait à foncer sur la cloture métallique sans bien sûr parvenir à la franchir. Un petit oiseau perché sur un arbre obervait son manège et au bout d'un moment s'envola, moqueur, en lui criant : « Et voler, tu y as pensé ? Tu sais quand même que tu as des ailes ! »

Les amateurs d'art

Deux amis visitaient un musée. L'un d'eux s'arrêta, s'accroupit en se plaçant de biais pour admirer un tableau, l'autre regarda la toile et la trouva hideuse. « Cela n'a aucun sens, ce n'est que des traits jetés au hasard ! » L'autre amateur d'art le prit alors par le bras et lui fit prendre sa place ; la toile révéla alors toute sa beauté. C'était une anamorphose, qui ne peut s'apprécier que si on la regarde sous un certain angle.

Sommaire

Kolibri 360 GmbH
Ferdinand-Jühlke-Straße 7
99095 Erfurt, Deutschland
produktsicherheit@kolibri360.de

Druck:
CPI Druckdienstleistungen GmbH
im Auftrag der
Kolibri 360 GmbH
Ferdinand-Jühlke-Str. 7
99095 Erfurt